大家学术

二重证据与文明探源

徐中舒先秦史论集

徐中舒·著

生活·读书·新知 三联书店

图书在版编目（CIP）数据

二重证据与文明探源：徐中舒先秦史论集／徐中舒
著.—北京：生活·读书·新知三联书店，2018.5
（大家学术）
ISBN 978 - 7 - 108 - 06053 - 2

Ⅰ.①二…　Ⅱ.①徐…　Ⅲ.①中国历史 – 先秦时代 –
文集　Ⅳ.①K22 - 53

中国版本图书馆 CIP 数据核字（2017）第 196715 号

责任编辑　王婧娅
封面设计　米　兰
责任印制　黄雪明
出版发行　生活·讀書·新知 三联书店
　　　　　（北京市东城区美术馆东街 22 号）
邮　　编　100010
印　　刷　四川省南方印务有限公司
版　　次　2018 年 5 月第 1 版
　　　　　2018 年 5 月第 1 次印刷
开　　本　650 毫米 ×900 毫米　1/16　印张　15.25
字　　数　177 千字
定　　价　45.00 元

弁　言

李学勤[*]

　　日前听闻"大家学术"丛书第一辑的编选整理已经完竣，即将付印问世，我感到非常高兴。在这套丛书的策划过程中，四川师范大学段渝教授多次垂询我的意见，我也得以从他的讲述中获知其对这套书的设想，认识到这些确实是很有学术意义的好书，值得向广大读者做一推荐。

　　"大家学术"丛书是在所谓"国学热"日渐升温的当口诞生的。我由于参加《中国高校哲学社会科学发展报告》的工作，必须更多查阅学术界的资料，才发现"国学热"在不长的时间里，竟已发展到出人意料的局面。仔细想来，这本来是理所当然的，"国学"就是"中学"，亦即中国传统文化的核心部分。随着中国国势走向振兴，人们自然会增加对传统文化的关注，要求认识、继承和阐扬其中的精华，并将之推向世界。

　　北宋张载说："为天地立心，为生民立命，为往圣继绝学，为万世开太平。"常被视为中国学人的最高抱负。这里面"为往圣继

*　李学勤，清华大学教授，"夏商周断代工程"首席科学家、专家组组长，中国先秦史学会理事长，国际欧亚科学院院士。

绝学"，便可以理解为对传统文化学术的继承和发扬。前人已往，其学已绝，所以"继绝学"不能停留在前人固有的层次上，而是要于其基础上续做提高，日新又新。不过，正确地了解传统、分析传统，毕竟是继承并且创新的前提。

从这里我们可以看到学术史的工作是多么重要。事实上，在历史发展中每逢重大转折的时刻，每每有富于远见的学者出现，做出学术史的总结和探究。前人曾指出，战国晚期百家争鸣接近终局之时产生的《庄子·天下篇》，堪称这方面最早的范例。

20世纪中国学术史的奠基人，应推章太炎与梁启超。章太炎于这方面发轫较早，有关论作虽多，但未成专著。梁启超则在20年代先后撰成《清代学术概论》及《中国近三百年学术史》。在后一书开首，梁启超说："这部讲义，是要说明清朝一代学术变迁之大势及其在文化上所贡献的分量和价值。为什么题目不叫作清代学术呢？因为晚明的二十多年，已经开清学的先河，民国的十来年，也可以算清学的结束和蜕化。把最近三百年认作学术史上一个时代的单位，似还适当，所以定名为《近三百年学术史》。"后来钱穆先生1937年出版的书，尽管学术观点与梁氏不同，也用了同样的标题。

梁、钱两书都有相当重大的影响，我认为这主要是因为其所讲述的学术史，对当时学术界而言恰好符合需要。任何一个历史时期的学术，总是以前一时期的学术作为凭借的思想资料，从而有所变革、进步和创新。足知对前一时期学术史的了解，一定会有利于当代学术的前进，甚至应该说是促进学术新发展的必要条件。就梁启超到钱穆那个时代的学者而言，他们面对的问题与挑战，究其渊源，大都可上溯到清代前后的三百年，无怪乎《中国近三百年学术史》两种都不胫而走了。

今天的学人，所处时代已与梁、钱二氏不同。作为我们学术界先行和凭借的，不是清代，而是落幕未久的 20 世纪。比之清代，20 世纪的历史更是风云变幻、波澜壮阔，人物更是群星灿烂、英杰辈出，为学术史的研究提供了十分辽阔的用武之地。为了看清当前学术文化的走向，推动新世纪学术文化的建设，不能不重视对 20 世纪学术的研究。这正是我近些年一直呼吁加强这一时期学术史工作的原因。

实际上，对 20 世纪学术的探讨研究，早已在很多学者的倡导支持之下展开了。在这里我想强调的是，这方面的工作还有必要在深度和广度上继续扩展，特别是我们考察 20 世纪的学术文化，眼界还有必要进一步拓宽。

20 世纪的中国学术极其丰富多彩，不能只局限于一时一地，例如北京、上海的几处大学和机构。应该说，由于时势机运的流转变迁，很多地方在学术上曾形成学科或思潮的中心，那里的学者在多方面都做出了独特的成果和贡献。

四川就是这样。自古以来，蜀学有其脉络，虽说蜀道甚难，但蜀地学人影响被于天下。晚清以至民初，情形更是如此。特别是抗日战争爆发之后，学人云集，蔚为盛况，于四川文化发展开前所未有的局面。仔细探究四川的学术史传统，是非常有意义的工作。

"大家学术"丛书即是如此规划的。这套丛书第一辑即专门编选四川地区卓有建树的学人著作，加以介绍其思想成就的前言，便于读者阅读。现在第一辑所收作者，都是中国学术界公认的著名学者，无愧"大家"称号。他们大多著作等身，非短时间所能通览。这些选本足以帮助大家了解他们的学术概要，相信一定会受到欢迎。

弁言

　　这套丛书还将继续编印下去，分辑搜集、编辑全国各地 20 世纪著名学术大家的专题学术论著精粹，使之成为较为全面反映中国 20 世纪学术文化发展成就的窗口。

　　最后，希望四川学术界当前以 20 世纪学者为主，为撰著系统的 20 世纪四川的学术史做出准备，将来还可上溯到更早以至古代的蜀地学术，对中国传统文化研究的贡献就更大了。

　　　　　　　　　　　　　　　　　　　于北京清华园

目　录

序

徐亮工

　　徐中舒先生 1898 年 10 月 15 日 （旧历清光绪戊戌二十四年九月初一）出生于安徽省怀宁县 （今属安庆市） 城西三里月形山下之徐家坂。初名裕朝。1914 年先生考取安庆初级师范学校时，自己改名道威，字中舒，后以字行。

　　先生出身贫寒，不满两岁时父亲去世，母亲金氏携幼子无以为生，遂于 1902 年经舅氏作保，就食于安庆慈善机构清节堂。先生七岁入清节堂附设之育正小学启蒙。育正小学不收学费，而笔墨纸张及生活费用等则全赖其母在清节堂所设的织布厂劳作所取得的微薄收入来维持。凄凉的身世成为激励先生勤奋学习的动力。1912 年先生以优异的成绩考取皖省中学 （今安庆市第一中学），因无力筹措学费而于一学期后辍学，回家自修。1914 年初，安庆初级师范学校 （亦为今安庆第一中学前身） 恢复招生，该校系公费待遇，不收伙食学杂等费，先生遂决然赴考，因入学考试成绩优异，直接插入该校三年级学习 （初级师范学校系五年制）。先生在师范学校学习三年，得国文老师胡远濬 （前清举人，擅长桐城派古文，与吴汝纶交情甚厚。后为南京中央大学哲学系教授） 教导，奠定了先生在古典文献方面的基础。1916 年底，先生毕业于安庆初级师范学校，即任教于该校之附属小学，这是先生从事教育工作之始。其后三年里，先生又先后考取公费的武昌高等师范学校及南京河海工程学校，终因所学与已养成之志趣不合而退学。1920 年至 1925 年又先后在桐城方柏堂家和上海李国松家任家庭教师。上海当时系开全国风气先声之地，而李国松之祖父李鹤章即李鸿章之弟，父亲李经羲曾任北洋政府总理。李家藏书甚富，还刻印书籍，故先生在此三年，教书之余，得有机会大量阅读李家藏书及上海出版之最新学术著作，令其眼界一新。1925 年 2 月，上海立达学会创办立达中学，先生受聘于该校任教，并于本年 6 月在《立达学刊》创刊号上发表了他的处女作《古诗十九首考》。

1925 年秋，北京清华学校研究院国学门首次招生。先生以第四名的成绩成为清华国学研究院首批三十二名学生之一。在这里的一年学习中，先生学从众师，而于王国维先生的"古史二重证法"尤有心得，写成毕业论文两篇：《殷周民族考》（发表时题目改为《从古书中推测之殷周民族》，王国维指导）及《蒲姑、徐奄、淮夷、群舒考》（梁启超指导）。从此，先生走上了中国古代历史与中国古文字学相结合的治学之途，将古文字学与民族学、社会学、古典文献学和历史学结合起来，相互发明，互为证据，并为此终生不懈，成果累累。

1927 年，先生再次受聘于上海立达学园，随即被暨南大学中文系、历史系和复旦大学中文系聘为教授。1928 年下半年，中央研究院历史语言研究所在广州成立。先生与该所创始人傅斯年先生因文字订交，受傅先生之邀，受聘于该所为专任编辑员。1929 年初，先生赴北平就史语所职。时史语所尚在广州，正拟迁往北平。先生到北平后，参加了史语所建所初期筚路蓝缕的创建工作及史语所在北平的选址工作。其后，先生承担了清代内阁大库明清档案的整理和编辑出版任务。经过他和全体工作人员的努力，不到两年时间，这一批重要的史料就基本清理完毕，并分门别类上了架，重要档案不仅有抄录的副本，而且还有简明目录可查。1931年，作为这次整理成果之一的《明清史料》甲编出版，1935年又出版了乙编、丙编，后因抗战爆发停出。1948年史语所将其携至台湾，至1975年出版癸编为止，共计十编一百册，成为治明清史者不可或缺的基本资料。先生先后撰写了《内阁档案之由来及其整理》及《再述内阁大库档案之由来及其整理》两文，成为我国现代用科学方法大规模整理、出版历史档案资料之开端，在档案学史上具有划时代的意义。1930年初，先生晋升为研究员。该年底，又接替李济先生担任史语所的秘书。1933年下学期，先生兼任北京大学历史系的讲师，讲授"殷周史料考订"课程，直到1935年上学期。1934年10月，史语所迁往南京，先生与该所第一组继续留在北平，并担任该所在北平的负责人。1937年7月，抗日战争爆发，先生与史语所一同迁往长沙。次年2月，先生接受四川大学和中央庚款委员会之双聘，辞去在史语所的职务，携家人赴川，就职于四川大学。从1946年起先生又担任四川大学历史系系主任，将他的后半生全部贡献给了四川大学历史系的建设和发展。在这五十多年中，先生还先后兼任过中央研究院历史语言所通信研究员（1942—1946年），武汉大学（1942年）、燕京大学（1944—1946年）、华西协和大学（1944—1950年）、南京中央大学（1946—1947年）教授，中国科学院历史研究所研究员（1954年开始），西南博物院院长（1952年），四川博物馆馆长（1978—1984年），四川省文物管理委员会副主任等职务。1956年，先生被评为国家一级教授，同时被推选为中国科学院历史研究所学术委员。20世纪80年代又担任国务院学位委员会历史学学科评议组委员，国务院古籍整理规划小组顾问。从 20 世纪 50 年代至 80 年代，先生多次当选全国政协委员、全国人大代表。20 世纪 80 年代，先生还分别被推举为中国史学会理事、中国先秦史学会理事长、中国考古学会顾问、中国古文字学会理事及四川省历史学会理事长。1979 年，先生以八十二岁的高龄担任国家重点项目《汉语大字典》的主编。在先生与全体工作人员的共同努力下，这部当今世界收集汉字字数最多、单字注音释义最全的巨著，于 1990 年 10 月出齐了全套八册。这是汉语语言文字发展史上的一座里程碑。20 世纪 80 年代，先生还先后主持编写了《殷周金文集录》《汉语古文字字形表》及《甲骨文字典》等一系列古文字学方面的大型工具书，受到了学术界的重视和好评。

先生一生治学，涉猎广泛，在古典文学、历史学、古文字学、考古学诸方面均有很高的造诣。六十余年锲而不舍，论著逾百种、数百万言。他的学术成果主要收集在《徐中舒历史论文选辑》（中华书局 1998 年版）、《先秦史论稿》（巴蜀书社 1992 年版）中。

1991 年 1 月 9 日（旧历庚午年十一月二十四日），先生因积劳成疾，久病不治，在成都与世长辞，享年九十三岁。

从古书中推测之殷周民族[*]

　　殷、周之际，我国民族之分布，实经一度极剧之变迁。其关系后世，至为重要。旧史非但不载其事，又从而湮晦其迹，使我国古代史上因果之关系，全失真相。今由古书中参互钩稽，先发其覆；若云论定，则须俟之他日尔。

　　史言上古之事，虽属传说，然其立国建都之地，犹可考见。以此证史，固嫌文献之不足，而以此说古代民族分布之迹，则绝好之资料也。王静安先生谓殷以前帝王宅京，皆在东方，惟周独崛起西土，其界划至为明白。此东西两土之民族，是否为同一民族？此问题在人类学地质学未有新发见以前，吾人实不能加以证明。惟就其分布之迹论之，则似宜分为两种民族。

　　汉人所传之《世本·帝系姓》，谓殷、周同出帝喾之后。世远代湮，其说难征，梁任公先生于《中国文化史》之第一章已深致疑辞。兹再就周人兴起之迹观之。《史记·周本纪》云："古公亶

* 本书所收文章，大部分都是作者 20 世纪三四十年代所作。其用语习惯、语法结构等，与今天有一些不同。为保持原作风貌，对此一般情况下不做改动。用字、标点改从今日规范。

父复修后稷、公刘之业，积德行义，国人皆戴之；薰育戎狄攻之……乃与私属遂去豳，度漆、沮，逾梁山，止于岐下……于是古公乃贬戎狄之俗，而营筑城郭室屋而邑别居之。"此事亦见《诗·大雅》《孟子》《庄子》《吕览》《淮南》《说苑》诸书，知为实录。《诗·閟宫》又曰："后稷之孙，实维大王，居岐之阳，实始翦商。"盖周之兴始于太王，太王迁岐，为周立王业之基，其建革兴作，承前启后，极关重要。薰育即殷、周间之鬼方，说本王先生《鬼方昆夷猃狁考》。《易·既济》曰："高宗伐鬼方，三年克之。"高宗即武丁，今本《竹书纪年》系王师克鬼方于武丁三十四年，系邠迁于岐周于武乙元年，武乙去武丁未远，其时殷之国力甚盛，鬼方东略既不得逞，故转而西侵耳。豳在戎狄之间，密迩于鬼方而去殷甚远，则其习俗必同于鬼方而远于中国。观古公迁岐之后，乃贬戎狄之俗，则未迁以前，其俗必与戎狄无异。《左传·襄十四年》："我诸戎饮食衣服，不与华同，贽币不通，言语不达。"以此言之，周人之语言文字，其初是否与中国同，尚属疑问。《绵》之诗曰："古公亶父，陶复陶穴，未有家室。"此复穴之复，《说文》引作窦，云："地室也。"此周人自述其先代之诗，犹云居于复穴之中，未有家室，则其他亦可以想见也。周迁岐后，东与殷人为邻，始渐革其故俗，王季历更娶太任于殷，《诗·大明》曰："挚仲氏任，自彼殷商，来嫁于周，曰嫔于京。"则周人向化于殷者，盖可知矣。今本《竹书纪年》及《史记》并有锡命季历与文王为伯之文。观后世新兴之邦，其初多受其邻近大国之封爵，则周之与殷，其关系亦当如此。及文王受命称王，武王伐纣克商，皆国力既盛后之自然结果，亦犹后世新兴之邦，国力既盛之后，亦并曾受其锡封之大国而灭之。如金之于辽，元之于金，清之于明，其事先后如出一辙。牧野之役，本为两民族存亡之争。

其后周人讳言侵略，而儒家又造为吊民伐罪之说，于是此东西两民族盛衰变迁之迹，遂湮没而无闻焉。今由载籍及古文字，说明殷、周非同种民族，约有四证：

一曰由周人称殷为夷证之。《左传·昭二十四年》引《太誓》曰："纣有亿兆夷人，离心离德。"夷人，殷人也。服氏、杜氏均以夷为四夷之夷，非也。《逸周书·明堂》篇云："周公相武王以伐纣夷，定天下。"纣夷连文，亦谓殷人为夷也。纣夷又见《佚周书·太誓》篇，《墨子·非命上》引其文曰："纣夷处不肯事上帝鬼神。"《非命下》引作"纣夷之居而不肯事上帝"，《天志》中引作"纣越厥夷居而不肯事上帝"，此同引一书而其文不同如此。盖昔人罕见纣夷连文，因转写讹谬，遂失其读。《逸周书·祭公》篇云："用夷居之大商之众。"夷居大商与《泰誓》之称纣夷居义同，此皆谓殷人为夷也。

二曰由周人称殷为戎证之。《逸周书·商誓》篇云："命予小子，肆我殷戎，亦辨百度。"殷戎犹纣夷也。《书·康诰》："殪戎殷。"《伪孔传》："戎，兵也。"殊为不词。郑注："戎，大也。"亦非。《逸周书·世俘解》："谒戎殷于牧野。"戎殷犹殷戎也。亦称戎商，《周语》单襄公曰："吾闻之《太誓》之故曰：'朕梦协朕卜，袭于休祥，戎商必克。'"此皆谓殷人为戎也。

三曰由殷、周畿内之地称夷者证之。《左传·昭二十六年》："刘人败王城之师于尸氏。"又云："召伯逆王于尸。"《后汉书·郡国志》："偃师县有尸乡，春秋时曰尸氏。"案尸夷同字，《周礼·凌人》郑注："夷之言尸也，实冰于槃中，置之尸床之下，所以寒尸，尸之槃曰夷槃，床曰夷床，衾曰夷衾，移尸曰夷于堂，皆依尸而为言者也。"金文夷作𡰱，旧释为节，非也。《孝经》："仲尼居。"《释文》："居本作𡰱，古夷字也。"《汉书·樊哙传》：

"与司马尼战砀东。"颜注："尼读与夷同。"古夷字作尼者：金文《兮甲盘》有"南淮夷"之文，淮夷二字下各有重文作 🔲 🔲，尼即夷字重文之误也；金文之 🔲，与小篆之尸同形，尸氏即夷氏也。又《左传·庄十六年》："初晋武公伐夷，执夷诡诸。"杜注："夷诡诸，周大夫。夷，采地名。"诡诸为周大夫，夷地必在畿内，是皆周人称殷为夷之遗言也。金文《师酉敦》有西门夷、熊夷、秦夷、京夷、卑人夷诸名，此器载王在吴，各（格）吴太庙，命师酉云云，吴，旧释虞，是也。《汉志》谓武王封周章弟于河北，是为北吴，后世谓之虞。今本《竹书纪年》："桓王五年，芮人乘京，荀人董伯皆叛。"春秋之虞、芮、荀、董，皆在汉河东郡，京亦当在其间。秦即嬴秦，《史记·秦本纪》谓秦之先，董廉死，葬霍太山，霍太山亦在河东郡。其余三夷之地，虽无可考，以虞、京、秦之所在论之，知亦相去不远。若此诸夷何为而荐居殷、周畿内？《书序》云："成周既成，迁殷顽民。"《逸周书·作雒》篇云："俘殷献民，迁于九毕。"孔注："九毕，成周之地。"成周畿内，本周公迁殷顽民之所，嬴秦又殷之诸侯，知此诸夷皆出于殷，而周人称之曰夷也。

四曰由箕子逊于朝鲜证之。《史记·宋世家》载："武王乃封箕子于朝鲜而不臣也。"语极简略。《后汉书·东夷传》亦云："昔箕子违殷之衰运，避地朝鲜。"其事别无可考。然东胡之先，本立国于朝歌之西，居殷畿内之地，曰余无之戎。而春秋之山戎、赤狄、鲜虞、徐、蒲、黎、潞、无终，战国之中山、东胡，皆其后也（说详专篇）。是东胡本居中原内地，或为殷之旧族，亦未可知也。

综此四证观之：周人之视殷人为东方异族，明矣。

至周人称殷为戎夷者，夷与尸同字，人之形体曰尸，故夷之本义当训人；戎从戈从甲，其本义亦当训兵，原无贱恶之意。《周礼·职方氏》云："辨其邦国都鄙，四夷、八蛮、七闽、九貉、五戎、六狄之人民。"以戎、夷与闽、蛮、貉、狄并称，盖以为异族，此后起之说。

周公迁殷民于成周，成周居四方之中，可耕之土田少，又压迫于异族之下，力耕不足资生存，故多转而为商贾。商贾之名，疑即由殷民而起。观《左传·昭十六年》郑子产曰："昔我先君桓公，与商人皆出自周，庸次比偶，以艾杀此地，斩之蓬蒿藜藋，而共处之，世有盟誓，以相信也，曰：'尔无我叛，我无强贾，毋或丐夺，尔有利市宝贿，我勿与知。'恃此质誓，故能相保，以至于今。"此商人即殷人之后而为商贾者。周室东迁，郑桓公初居于郑，土旷人稀，必须招徕异族以实其国，与之质誓，使其无叛。殷人压迫于异族之下既久，故亦乐与郑人东迁。此商人若为商贾而非殷人之后，则《左传》此言，即不可通。古代都邑不能如后代之繁盛，一邑之中，商贾之家，多不过数十，桓公移民以实其国，何须此数十之家，而与之质誓？且"庸次比偶，以艾杀此地"，亦非商贾之事，桓公之无须于商贾，亦已明矣。故此商人当即殷商之后，而居于成周者，故子产云与先君桓公同出自周。春秋郑大夫有徐吾犯。徐吾氏茅戎之别号，本为殷诸侯余无戎之后，春秋时尚居于茅津，在成周畿内。郑有徐吾氏，当即由此东迁者也。商为异族，故周人贱之，其后汉律贱商，即由此意衍出。而说者谓商为末技，因而贱之，盖后世从而缘饰之词也。

梁任公先生《中国文化史》论古代阶级曰："三代以降，'百姓'与'民'之两名词，函义如一。在远古似不尔尔。《尧典》'平章百姓'与'黎民于变时雍'对举，又以'百姓不亲'与'黎民阻饥'对举，是百姓与民异撰。《楚语》述观射父释百姓之义曰：'王公之子弟之质能言能听彻其官者，而物赐之姓，以监其官，是为百姓。'《吕刑》：'苗民弗用灵。'郑玄注云：'苗，九黎之君也，此族三生凶恶，故著其氏而谓之民。民者，冥也，言未见仁道。'夏曾佑据此诸文，因推定古代汉族征服苗族后，自称其族曰百姓，而谓所征服者为民，故民之上系以黎，或以苗。因谓百姓与民为两大阶级之徽帜。此虽近武断，然远古社会或如是也。"案梁先生之说是也。黎民疑即西伯戡黎之黎。黎在殷、周之际，为殷畿内之国，居于上党，与殷人同为东方民族。周既灭殷，黎之遗族，或留居故土，周人谓之白狄，战国以后为东胡。或南迁于淮，春秋时为徐，为群舒。或与殷人错居于中国，周人呼之曰民，累言则曰黎民。厥后与周民族渐次混合，遂成为今日中国之汉族。此两民族既经混合之后，种族之分已泯，于是黎民遂为黎庶之称。其南迁者，至秦、汉时大部分仍与汉族混合，《后汉书·东夷列传》云："秦并六国，其淮、泗夷皆散为民户。"是也。其小部分则疑为今日福建之畲民及琼州之黎民。北京大学《国学周刊》董作宾君《说畲》，谓畲民四姓，曰盘，曰锺，曰蓝，曰雷。其宗法甚严，并有族谱。其语言与汉语同一语根，其称一般土人（董君之意当谓福建土著之人）曰百姓。观董君所述，畲民笃守宗法，则其民族之名，与姓氏之别，历代相传，或无所改变。徐、舒、畲，同为从余声之字，《路史》谓锺黎氏徐之别封，其后有锺氏，畲之锺姓或即此族之遗。其称福建土著之人曰百姓，即周人以民与百姓对举之意。

今之治人种学者，以肤发之色，区别人种。黎，黑也，黎民与黔首同意。史称秦始皇二十六年更名民曰黔首。孔颖达曰："黔，黑也，凡民以黑巾覆头，故谓之黔首。"此后起之说也，黔首之本意，当不如此。《战国策·魏策》苏秦为赵合从说魏王曰："今窃闻大王之卒，武力二十余万，苍头二十万，奋击二十万。"

《史记·陈涉世家》："胜故涓人将军吕臣为苍头军，起新阳。"又《项羽本纪》称陈婴军"异军苍头特起"。应劭曰："时军皆着青巾，故曰苍头。"服虔曰："苍头谓士卒青帛巾，若赤眉之号，以相识别也。"此以后起之事，拟于古代，其说亦非。疑黔首、苍头，皆谓其发之颜色。盖战国、秦、汉之间，尚有黔首、苍头之两种民族。秦、汉而后，种族之界限渐泯，后人遂不知有黔首、苍头之别，因谓以黑巾青帛覆头云。苍浅青色，后人虽云青发、绿发，而苍实与黑不同，后汉史晨《奏铭》云"黑不代仓（苍）"是也。故谓之黔首，即所以别于苍头也；谓之黎民，即所以别于非黎民也。此问题所关至巨，要非纸上材料所能论定，姑发其疑于此。

（原载《国学论丛》第一卷第一号，1927 年 6 月）

耒 耜 考

我们农业史的开端，向来只有几个传说：

> 神农氏作，斫木为耜，揉木为耒。耒耨之利，以教天下。——《易·系辞下》
> 古者垂作耒耜，以振民也。——《说文解字·耒部》
> 后稷播时百谷。——《尚书·尧典》
> 弃为儿时，屹如巨人之志，其游戏，好种树麻菽，麻菽美，及成人遂好耕农，相地之宜，宜谷者稼穑焉。民皆法则之。——《史记·周本纪》

如果夏、商以前，我们就有像后来的耒耜耕农，那岂不是我们的农业从最初到现在就没有什么演进？从而我们社会上的一切，也完全在停滞之中。我们的历史，只要有几个帝王卿相的号谥，也就可以表示我们文化之古了？

人类社会的演进，由狩猎、游牧，以至耕稼，应有一定的步骤。社会学家罗列许多事实，告诉我们，他们曾举出许多野蛮民族和许多文明民族，都由一定的步骤演进。我们的社会又何独不然？

我们现在且从一两件农具上面试探农业演进的消息。虽是一两件农具的演进，有时影响所及，也足以改变全社会的经济状况，解决历史上的困难问题。例如秦汉以来最难解决的蓄积问题。如《王制》所说：

> 国无九年之蓄曰不足，无六年之蓄曰急，无三年之蓄曰国非其国也。三年耕必有一年之食，九年耕必有三年之食。以三十年之通，虽有凶旱、水溢，民无菜色。

我们由此可以想象那时社会上食粮恐慌的程度。不过这样子讲蓄积，在近代有统计有组织的国家，犹且办不到，何况那时？所以从《管子》书到贾谊、晁错，虽天天在那里讨论"十年之蓄"与"积贮""贵粟"，但终究是纸上空谈，无裨实际。一直到赵过为搜粟都尉时（汉武帝末年），他开始改良当时的农具，"耕耘下种田器，皆有便巧……用耦犁，二牛三人……用力少而得谷多"。于是那时才"田野益辟，颇有蓄积……百姓安土，岁数丰穰"（均《汉书·食货志》语）。历史上的食粮问题，从此就不像以前那样严重了。

我们不敢过存奢望，我们古代史料如此缺乏。但最近因为甲骨文及有款识的铜器的发见与印行，使古代史料更有地下材料为之证明。关于古代社会的情况，因此也可推测若干；而古文字中由耒耜孳乳之字，又数见不鲜，因取以互相参证，述之如次。

一、文字上的耒

偏旁从耒的字，在甲骨文中有"耤"字，作

诸形。罗振玉《殷虚书契考释》以为扫字，未确。《令鼎》云："王大耤农于谋田。"薛尚功《历代钟鼎彝器款识·戠鼎》（王俅《啸堂集古录》同）云："令女作嗣土（司徒），官嗣耤田。"耤作：

令鼎　　　　戠鼎　　　　戠鼎（见王俅《啸堂集古录》）

从昔声，确是耤字，《令鼎》与甲骨文形制尤近，其偏旁昔，仍象足趾形，甲骨文耤字诸条：

　　己亥卜□令□耤臣。——《殷虚书契前编》卷六第 17 页

　　己亥卜贞令小耤臣。——同上

　　缺耤受年。——卷七第 15 页

　　庚子卜贞王其萑耤往十二月。——《后编》下第 38 页

"耤受年"明是卜农事卜辞。"小耤臣"疑即殷代农奴，亦即《晋语》之隶农。以此及金文互相参证，知此诸文确是耤字，其偏旁

耒作：

当是象耒之形。铜器又有耒字：

耒彝　　　　　耒作父巳彝　　　　耒敦

象手秉耒之形。敦文形尤完具。小篆耒作耒，即此形的笔误。《说文》"耒从木推丰"，朱骏声说："耒非推草之用。"其为误字甚明。此诸形释为耒字，于义甚允，尤与甲骨文字偏旁合。再以从力诸字证之。如男甲骨文作：

《殷虚书契》卷八第 7 页

《藏龟》第 132 页

《龟甲兽骨文字》卷二第 22 页

男从力田，故力字即象耒形（惟省去下端歧出形），力耒古同来母，于声亦通。甲骨文有劦字：

《龟甲兽骨文字》卷六第 61 页

《藏龟》62 页

《后编》上第 19 页

《后编》下第 36 页

《殷虚书契》卷一第 1 页　　第 5 页　　第 7 页　　第 14 页　　第 17 页

卷四第 2 页　　　第 31 页

《后编》上第 3 页

从三力；或从口，从劦声，当读为荔，荔亦耒母，铜器亦从口作：

己酉方彝　　　丁子卣　　　戊辰彝

此为殷代祭名（铜器己酉方彝、丁子卣均见薛书，戊辰彝见《殷文存》，均殷人祭器），其义当与协同。当即大合祭之祫，协有合力之意，古文本与合相通。如《诗·江汉》"洽此四国"，《礼记·孔子闲居》引作"协此四国"；《诗·正月》"洽比其邻"，《左传·襄二十九年》引作"协比其邻"；《书·尧典》"协和万邦""协时月正日"，《史记·五帝本纪》引作"合和万国""合时月正日"，皆其明证。

寿之为耒，又可以麗字证之。丽或麗，甲骨文与铜器作：

卷五第 47 页

《后编》上第 14 页

《后编》下第 23 页　　　　　　　　　第 25 页

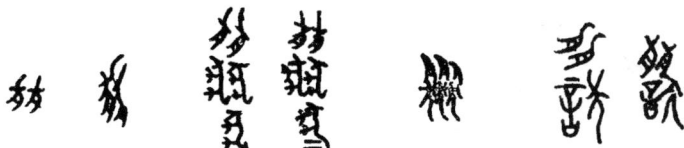

车饰　　昌鼎　　　父丁尊　　　　盅龢钟　　　齐侯镈钟

丽从两耒，麗从两耒两犬（金文从三犬，《齐侯镈钟》又变从訧）。其所从耒形，与甲骨文金文糌字合，小篆作𠀎，古文作丽，即耒形笔误。麗亦来母，即从耒声。薛书《盅龢钟》云："麗龢万民。"《齐侯镈钟》云："龢麗而九事。"麗龢、龢麗，即《尧典》之协和。借麗为协，与劦音转为协例同。丽象两耒并耕形，古者耦耕，故丽有耦意，故俪得训为伉俪。《说文》："丽两耦也，象两两相附之形。"其义则是，其形则非（庚恐即《盅龢钟》麗形之省，从户系形误）。

力象耒形，金文中从力之字，有时即从耒。如男、勒：

叔男父匜　　遣小子敦　　师寰敦　　　齐侯敦　　　鼄侯敦

耒耜考

颂鼎	吴尊	录伯敦	师酉敦	郅侯鼎

或从力，或从爪秉力，即耒之异体。加字作：

加爵	虢季子白盘

仍从力；而从加之嘉，则从耒。

齐翚氏钟	陈侯作嘉姬敦	邾公钎钟

王孙钟	沇儿钟	王子申盏盂

又如静字从生从井从耒，象秉耒耕井田中而禾黍孳生之形，当为耕之本字，耕、静古同音字。

静敦	免盘	毛公鼎	国差譫	秦公敦

观《静敦》《免盘》二文，静之为耕确然无疑，耕所从之耒，与男、勒、嘉偏旁形同。即耒力互通之明证。(静偏旁争从耒得形，从青得音，文字孳乳，此例最奇；但亦不仅此字，如邻字分化为予，予即从邑得形，从余得音。)

上文耤、麗、耒三字，其耒形下端皆作歧出形，又可以利、勿、方三字证之。

利，甲骨文、金文作：

《殷虚书契》卷二第18页　　第3页　　第3页　　卷五第32页

卷五第32页

《菁华》第9页　　第10页

《后编》下第13页　　　　第18页　　　　　第5页

师遽尊　　利鼎　　宗周钟

利所从之ん、勿诸形，即力形之变，象用耒端刺田起土之形，铜器将力旁土移于禾旁，故小篆利或从刀，但古文利，及从利之黎、梨、犁诸字，仍是从勿，可证从刀，乃是省形。利来母字，自是从力得声。刺地艺禾，故得利义。

利所从之勿或读为勿。勿，利古韵脂部字，《国语·越语》以一、物、失、利相叶，故得相通。勿之本义当为土色，经传多借物为之。

载师掌任士之法，以物地事，授地职而待其政　　　015

令。——《周礼》

卝人掌金玉锡石之地，而为之厉禁以守之，则物其地，图而授之。——《周礼》

草人掌土化之法，以物地，相其宜，而为之种。——《周礼》

逸师掌四方之地名，辨其丘陵坟衍邍隰之名，物之可以封邑者。——《周礼》

县师，凡造都邑，量其地，辨其物，而制其域。——《周礼》

冢人物土。——《仪礼·既夕》

先王疆理天下，物土之宜，而布其利。——《左传·成二年》

士弥牟营成周……仞沟洫，物土方。——《左传·昭三十二年》

此诸物字，皆勿之借字。物地，物土，即相土色，相地色。各家注皆训物为相，惟郑司农注《周礼·载师》云："物色之以知其所宜之事。"《草人》云："以物地占其形色。"《卝人》云："占其形色，知咸硙也。"训物为色，为形色，为不误。物训色，自非一色，引申之又得为杂，《说文》："旐，旗也。……杂帛为之幅，赤白半。"《周礼·司常》："杂帛为物。"旐为杂帛，则勿为杂土，物为杂毛牛，物训杂毛牛，与犁训"犁杂文"（《论语》何注）、"牛不纯色"（《淮南·说山》高注）等义又正相应。可证从勿，从利，义本相通。甲骨文物或作勿，皆谓杂毛牛，无作否定词用者；铜器则全作否定词了。

《殷虚书契》　　第 22 页　　第 45 页　　卷四第 35 页　　卷五第 39 页
卷六第 4 页

《后编》上第 3 页　　第 19 页　　第 19 页

《龟甲兽骨》卷上第 6 页

毛公鼎　　　孟鼎　　　召伯敦　　　克鼎　　　𫮃侯鼎

量侯敦　　　齐镈　　　师酉敦　　　师㮚敦

甲骨文及铜器之方，作：

《殷虚书契》卷二　　第 16 页　　　　卷五第 11 页　　第 13 页
第 15 页

第 23 页

《后编》下第 4 页

俎子鼎　　　般甗　　　曾伯簠　　　兮甲盘

𣥂	𣥂	𣥂	𣥂
不娶敦	番生敦	召尊	录伯敦

象耒的形制，尤为完备，故方当训为"一番土谓之坺"之坺，初无方圆之意（古匡即方员字）。方之象耒，上短横（如番生敦等）象柄首横木，下长横即足所蹈履处，旁两短画或即饰文，小篆力作𣥂，即其遗形。古者秉耒而耕，刺土曰推，起土曰方，方或借伐、发、坺等字为之。

> 直庇则利推（庇即耒下端歧出者），句庇则利发。——《考工记·车人》
>
> 耜广五寸，二耜为耦，一耦之伐，广尺深尺谓之𤰈。——《考工记·匠人》
>
> 及籍……王耕一坺，班三之，庶民终于千亩。——《国语·周语》

孙诒让《周礼正义》说伐即坺之借字，其字又通作发，俗作"墢"。盖方、坺、伐、发、墢古皆读重唇音，故得互通。《诗·甫田》"以社以方，我田既臧"；《云汉》"祈年孔夙，方社不莫"；方社当即农家祈年之祭，社为后土，方自为连类而及之事。《月令》"季冬天子乃祈来年于天宗，大割，祠于公社，及门闾"。据此文则社即祠于公社，方即祠于门闾。《诗·楚茨》"祝祭于祊"，《传》"祊门内也"，《说文》引作𥛱云"门内祭"，正与此合。祊、社同为祈年之祭，故字亦可通。《左传·襄二十四年》"以守宗祊"，《周语》"今将大泯其宗祊"，宗祊即宗社。方、社并称，故知方即坺之本字。又《诗》：

既方既皂，既坚既好。——《大田》

萧厥丰草，种之黄茂。实方实苞，实种实褒，实发
实秀，实坚实好，实颖实栗。——《生民》

此两方字次叙均在莳薅之先，亦当为坡土之事。《说文》："方，并
船也，象两舟总头形，从两舟省。"今观甲骨铜器中方字，全无象
两舟总头形之意。盖方可训并，而不可训并船，《尔雅·释水》
"大夫方舟"，李注："并两船曰方舟。"《庄子·山木》篇云"方
舟而济于河"，《释文》司马注："方，并也。"古者耦耕，故方有
并意。又《仪礼》柄皆作枋，耒为曲柄，故声得转为柄。

二、耒的形制

以上文字上耒，偏旁耒，及从耒形孳乳诸字，其耒形上端钩
曲，下端分歧（除力字外），均属一致。以此推测古代耒的形制，当无
大谬。武梁祠石室刻神农手执耒耜图，其耒耜形亦与上文所举诸
字合。但武梁祠为东汉时刻石，其所刻耒耜，应为东汉时通行的
形式。郑玄注《考工记·匠人》云："古者耜一金两人并发之……
今之耜，歧头两金，象古之耦也。"贾公彦疏申其义云：

古法耒下惟一金，不歧头，先郑云耒下歧（郑众注《考
工记·车人》为耒底文）据汉法而言。其实古者耜不歧头，后
郑（玄）上注亦云"今之耜歧头"，明古者耜无歧头也。

是东汉时确有歧头两金之耜，故我们不能就认为武梁祠石刻古代

耒下端分歧的证据。（武梁祠石刻图版见《国立中央研究院历史语言研究所集刊》第二本第19页）

从甲骨、铜器，到武梁祠刻石，将及千有余年，此千余年中，耒的演变，亦有可征者。

今传世古钱币有圆足布、方足布、尖足布者，即古农具的仿制品。

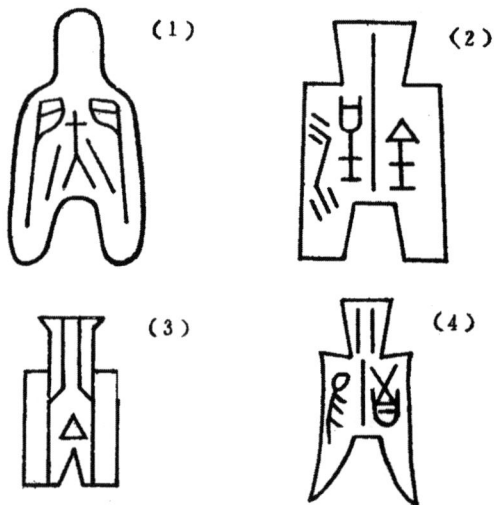

见《货币文字考》

（1）圆足布　（2）（3）方足布　（4）尖足布

何以知为古农具的仿制品？《清仪阁所藏古器物文》有《宜字犁跋》（第二册第26页）云：

此器形如古之空首币，而甚厚重，朱碧鲜好。考《诗·周颂·臣工》"庤乃钱镈"，《毛传》"钱，铫"。陆音钱，子践反。《正义》曰："《说文》云'钱，铫也，古田器'；案古空首币，亦泉之属，后世谓泉为钱，当亦因币有钱之形，不必以铢两得名钱也。"今此器一面纯素，当是《释名》所云廹地去草之镈，而形类古币，则直可以钱名之。（宜字犁图版和王小铁钱图版见《集刊》第二本第21页、22页）

历史博物馆藏安阳出土王小铁钱，形与宜字犁同，此均农器而"形如古之空首币"。

《金文存》（卷六第126页）有中山币，邹安跋云："制如空首布而厚重，或曰，此非泉。"其后附说云："中山泉模与《金石契》宜字一器（案《金石契》无此器，疑即《清仪阁》之宜字犁）相同。故或疑农器，然不当小至如是。"此正是钱币仿农具而制的绝好证据。余藏有帝字空首布二，其厚重似农器，其大小与中山币同，右旁二字乃记所值，其空首及下端皆有系贯之孔，确为钱币之制。此均空首币而形与农器之钱同。

空首布有显著的特征，即首端有楔形方孔，可以函柄。《货币文字考》所图空首币（如周字币）。形制最为完备。观此种形制，更可证明其为农具的仿制品。（五、六、七号空首币图版见《集刊》第二本第23页）

 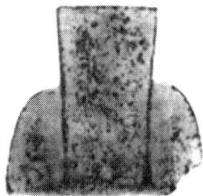 

（5）　　　　　　　（6）　　　　　　　（7）

空首布与两足布（即圆、方、尖等布）不同之点，有二：

（1）空首布首端有楔形方孔，两足布首端扁平。

（2）空首布下端一刃，两足布下端歧头。

从此两种不同之点上，我们可以寻出其演变的痕迹。

下图为空首布之一种（见 *Catalogue of Chinese Coins*，又见《续古泉汇补遗》下）。其形制即介于两足布与空首布之间。由此形我们即可将两足布与空首布的关系，联络起来。

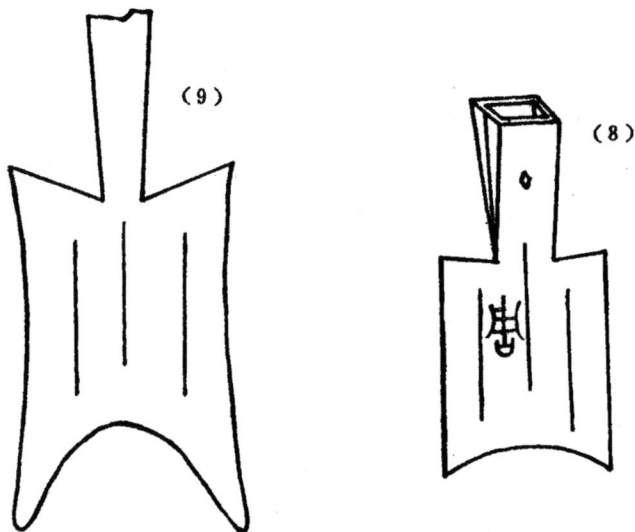

（9）

（8）

由空足布（9）图上溯至两足布，其演变应如次：

（9）← （4）← （3）← （2）← （1）

由空足布（9）图下溯至平刃空首布，其演变应如次：

（9）→ （8）→ （7）→ （6）→ （5）

再就其足形变化绘之如次：

此种变化的次序，何以知不是由空首布变为两足布？即将其次序倒转由（5）→（1）？

两足布为农具的仿制品，其形式可征者，如武梁祠石刻神农所执之耒耜，及禹所执之耑，又后幅画二人执耑，其耑形均与两足布同。《韩非子·五蠹》篇说："禹之王天下也，身秉耒耑，以为民先。"故知此两刃者为耑。小篆耑作𡙇，从㞢，象耑形，从𦥑疑为从𠬞之误，耑从𦥑㞢，象两手举耑形，耑头金谓之鐅（《说文》"鐅，河内谓头金"），两足布谓之布（王莽铸有大布、次布诸品），又谓之币，币、鐅、布，古邦并母，旁纽相通。此两足布为农具仿制品之明证。《说文》："钱，铫也，古田器……亦曰耑，曰锹。"是耑与锹，又得称钱。耑、锹、钱古从清母，亦旁纽相通。是两刃之耑与一刃之钱，同为一种农具之明证。郑玄《考工记》注明说："古者耜一金……今之耜歧头两金。"如郑说，岂不是由空首币变为两足布的绝好证据？

此说有不能成立之理由二。

（甲）与甲骨铜器诸文字不合。甲骨铜器中诸文字耒下歧出，既如上述。是殷、周之间必有两刃的农具。如谓古有两刃，中古（郑所谓古，原意当指汉以前）变为一刃，汉又变为两刃，此种演变，似不可能。如谓耒端歧出者为与相接之庇，而另有所谓一刃之耜，如《考工记》说：

> 车人为耒庛长尺有一寸，中直者三尺有三寸，上句者二尺有二寸，自其庛缘其外以至于首以弦其内，六尺有六寸，与步相中。

郑众注："庛读为'其颡有疵'，谓耒下歧。"孙诒让《周礼正义》申其说云：

> 先郑言此者，以庛耜为一物也。凡庛、耜经典多通言，故《山虞》说耜亦用木材；《易·系辞》亦云："神农氏作，斫木为耜，揉木为耒。"《易·释文》引京房云："耜，耒下打也。耒，耜上句木也。"此即先郑所本。后郑以耜金、庛木，二者异材，故不从。盖庛为木刺，耜为金刃，柄凿相函，故庛亦可通称耜，而此经所言耜与庛，实异物也。

先郑所谓耒下歧，谓耒，谓耜，原无明文。孙氏谓"先郑言此者，以庛、耜为一物也"，未免有点诬枉，孙氏之意以为庛为车人之事，自是木制（如攻金之工则段氏之事），故庛应从后郑训为棘刺之刺，不得有歧头形。其说似即受了戴震《考工记图》、程瑶田《考工创物小记》的影响。而戴、程两图似又受了宋林希逸《考工记解》的影响。此数家所说，即使另有所谓一刃之耜，其末端形制亦与文字上的耒不合，可断其为臆造之说，商、周之间虽已入于铜器时代，但以铜铸农器，则为后来之事。今传世古钱币最早者，只能视为春秋时物（春秋以前大概即以斧斤为货贝，《易》之资斧，《居后敦》云

《考工记图》之耒图

《考工创物小记》之耒图

《考工记解》之耒耜图

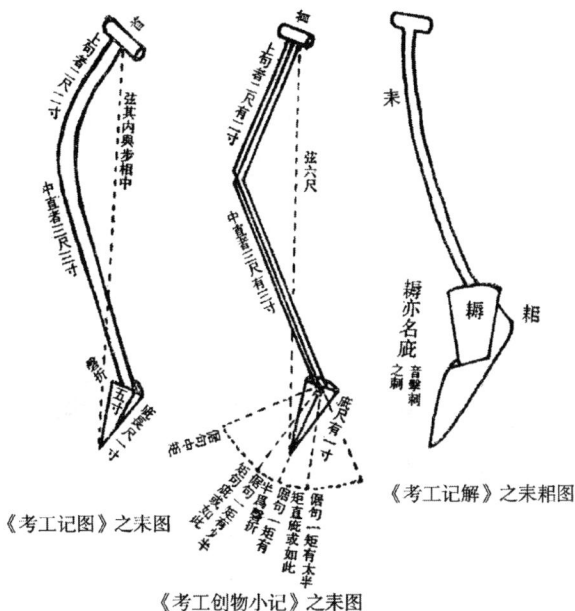

"贷余一斧，舍余一斧"，皆是)。《齐语》："美金以铸剑戟，试诸狗马；恶金以铸锄夷斤劚，试诸壤土。"（又见《管子·小匡》）此以美恶相对言，可见农具之用金属制，必在兵器之后。盖古代社会与禽兽斗，与异族争，日在兵事状态之下，故兵器为其最需要之物。甲骨铜器上耒形诸字，皆似木制的农具。《周礼·地官·山虞》及《易·系辞》说耜亦用木制。知古代确有木制之耒耜。《盐铁论·水旱》篇说："盐铁价贵，百姓不便，贫民或木耕手耨土櫌。"西汉时锻冶与耕农，都已发展到很高的程度了，而民间还有木耕的风气。则：

古者剡耜而耕，摩蜃而耨。——《淮南子·泛论训》

大概也不至于就是捏造的事实。《考工记·车人》下又云："坚地欲直庛，柔地欲句庛；直庛则利推，句庛则利发，句倨磬折谓之

耒
耜
考

中地。"是即用木制之庇，为推发，不必再有接于庇上的耜了。且耕稼初兴，除天然树枝或木棒外，更有何物可供人类利用？甘肃辛店期有牛马胛骨制的鹤嘴锄（见《甘肃考古记》第 14 页）；南澳洲土人，亦有利用石斧、石锷、鹿角等物以为耕作者，但此均须掘地，较木耕尤为劳苦，故木制歧头之耒，乃是最自然、最适宜的农具，后来金属制的两刃锹臿，就是模仿这种树枝式木制歧头之耒的形式。铜器中有荆楚之荆字，作：

| 贞敦 | 逆伯敦 | 狀敦 | 师虎敦 |

从井从艸（或省井）。古文荆作 ，即 形误分为二，象树枝耕井田中。《说文》云："荆，楚木也。"因用树枝耕，故得训为楚木。字又为㓝，《说文》："㓝，造法㓝业也。"用树枝耕，故得为创始之称，稻粱之粱从艸，亦当由耕得义。

（乙）由空首布的空首变为两足布的平首为不自然的演变。从形式上看，空首布形制繁复，较两足布铸作稍难。最初金属制的农具，不过取其刺土的部分较为犀利而已；柄与金相接的部分，本不是他们所注意的，他们就自然地铸成一种全体扁平的农具，嵌入柄端，外面再加绳束。《夏小正》说"正月农纬厥耒"，注"纬，束也"，正指此种形式。古兵器如戈、戳之类，及较古的斧、钺，其与柲相接处，都作扁平形，其首端之孔，即绳束处，大约与农具同。此种接榫方法，既不牢固，又甚烦难，同时锻冶又渐次进步，所以空首农具，及方銎斧之类，就应运而兴。如谓农具中先有空首，后有平首，则是接榫方法由简易趋于烦难，由牢固趋于不牢固，此种不自然的演变，为事实所不许。

由此我们可以断定，耒的演变，由木制变为金属制，由歧头变为平刃，由平首变为空首。

元王桢《农书》载有两种权，疑即古代耒的遗型。

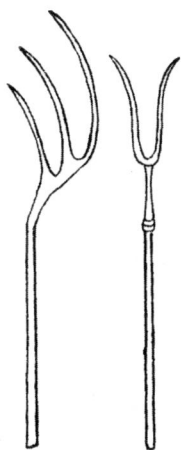

《农书》权

> 权，箝禾具，揉木为之，通长五尺，上作二股，长可二尺，上一股微短，皆形如弯角，以箝取禾穗也。又有以木为干，以铁为首二其股者，利如戈、戟，唯用叉取禾束，谓之铁禾权。

此种简单农具，从元到今似乎没有什么变化。木权今仍通行于河南，铁权今仍通行于长江流域，盖耒既变为锹、畚，于是此最初形式，即被利用箝取禾穗，或叉取禾束。《说文》"秇，两刃畚也"，字或作铧、锓，秎、耒、权，古同在歌部，故得相通。《周礼·天官·龟人》"以时箝鱼鳖龟蠯"，郑司农注谓"以权刺泥中，搏取之也"。郑以权释箝，箝耤古字通用，"箝鱼鳖龟蠯"，即以权刺泥中，与耤田以权刺地状况正同，故耒亦得称权，声转为铧、锓、钙。友人董彦堂（作宾）先生说："今河南通行之权，揉桑木为之，长可六尺，极坚实，用以耕耤，似无不可。"此可见以木为耒，刺地而耕耤，亦属可能之事。

三、文字上的耜及其形制

耜，异体甚多。小篆作枱，或作枱、铒，籀文作辝，或作耛，经传作耜，《广雅》作铝。从耒，从木，从金，即表示三种意义：

（1）耜之形式与用途近于耒；（2）木制之耜；（3）金属制之耜。

从㠯即耜之本字。㠯为用具，故古文借为以字。以，用也。铜器以均作㠯：

毛公鼎　　　不娶敦　　　散盘　　　虢季子白盘

赵小子敦　　大鼎　　　秦公敦　　　封敦

应公鼎　　　仲盘　　　者女觥　　　沈儿钟

寏桐盂　　　姑□句鑃

当为耜之象形字。甲骨文㠯作：

《殷虚书契前编》卷六第 61 页

《后编》上第 25 页

罗振玉释为私字，但据其文义：

取劦㠯又示缺□方——《前编》卷六第 61 页

乙未贞王卅□虫□㠯于□——《后编》上第 25 页

似无私字之义，仍以释以为是，铜器以目或以台为之：

陈侯因育敦　　　王孙钟　　　邾公华钟　　　归父盘

姐姓之姐，或以始为之：

叔向父敦　　　　　　　　颂鼎

故耜亦得从台。《说文》或作桿者，东齐谓之楻（见《方言》），里未古同来母，里弖古同之部，当为未耜二字的合音。

　　社会学家说原始的人们，不能有个人财产的观念。他们生活在氏族共产之中，氏族内部，一切属于全体，共同消费，非洲波希曼人若是捕获一条野牛，则分割为许多块以送于其余的人。旱荒的时候，佛爱奇的少年便沿河而跑，若是运气好，遇着一条死在浅滩上的鲸鱼，他们无论饿得要死也不动手，只是迅速地跑回去告知他们的氏族，于是氏族人员立即跑来，由极年长的人将死鲸平均分割于全体。即是农业发明以后，种族或氏族的共有土地，仍是共同耕作、共同消费的。纪元前4世纪亚历山大王时代，尼雅格大将在印度某几处地方，还目击各种族对于共有土地的共有劳动，及收获物之按照户口分配。我们从原始人们中来找个人财产的物质形式的最初起源：（一）如果要使一件东西成为个人所有，这件东西便应与他体肤成为密切而不可分离的关系，如穿在鼻子、耳朵或嘴唇上的装饰品。（二）日常使用的物件，是物件属于个人的主要条件，因而由个人制作出的制造品也只看是否供给自己使用；如果自己使用，才得视为个人所有。一个爱斯基摩人自己只能具两个独木舟，若制造了第三个，便归氏族处置，因为凡自己不使用的物件，便是共同财产。

耜为农具，为个人日常使用的物件，故得认为己有，故耜所从之台，得训为我。

厶与私亦当为耜引申之字，耜、私、厶，古同在心母（古韵耜在之部，私厶在脂部，之脂古不通用，或由声近相通），厶小篆作𠫤，形与铜器中𠫤字绝相似，私从禾，即耜之别体，耜为个人所有，故得引申为公私（或作厶）之私，《韩非子·五蠹》篇云："古者苍颉之作书也，自环者谓之私，背私者谓之公；公私之相背也，乃苍颉固以知之矣。"（亦见《说文》引）此说与古代社会情况不合。铜器中公作㕣（与小篆公作㕣不同），全无相背之形，可证其为臆说。

耒与耜为两种不同的农具。耒下歧头，耜下一刃，耒为仿效树枝式的农具，耜为仿效木棒式的农具。《说文》："弋，橜也，象折木邪锐者形。"《尔雅·释宫》"橛谓之杙"，注"橜也，盖直一段之木也"，用今语释之，则为木棒。其下端邪锐可用以刺地（《左传·襄十七年》"以杙抉其伤而死"，即以杙刺之证）。耜，大概即由此形蜕变，铜器有从弋之妖与必。

叔妖敦	妖甦敦	寰盘	无重鼎	休盘

弋作十，即象木棒形，中横画与方字同意（说见前），弋目古音同在之部。《左传》定妖，《公》《谷》作定弋。《桑中》"美孟弋矣"，即孟姒，弋目通用，亦可见弋与目的关系。《说文》必从弋声，《广雅·释器》"柲，柄也"，《方言》"柲，刺也"，柄与刺皆由弋得意，弋为最初农具，利于刺地而不利于发土，所以后来就在弋下增一圆首平叶木板。《易·系辞》云"斫木为耜"，此种木板，

即斫木为之，与耒之为揉木者不同。

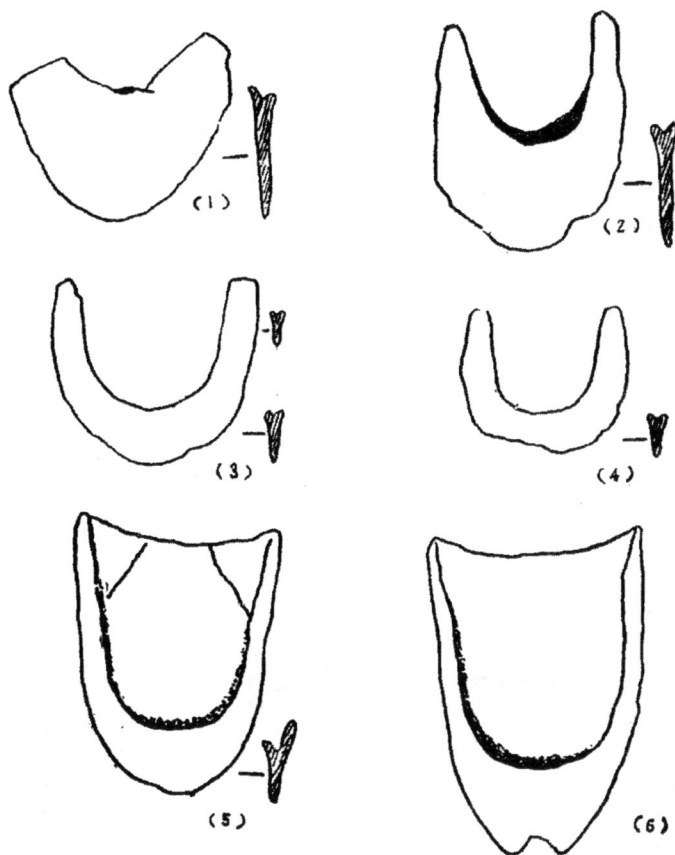

日本古坟中所见之锄

日本奈良正仓院藏有子日手辛锄一柄，乃孝谦女帝为圣武天皇舍入东大寺供养诸佛菩萨之物，长径四尺三寸二分，上有"东大寺子日献天平宝字二年正月"等铭识，天平宝字二年为唐肃宗乾元元年（758年），当为唐或唐以前输入日本之物。即古代耜之遗制。其木板下又嵌入半圆形之金属制耜，鸟居龙藏氏《人类学上古代文化之我见》书中又载日本古坟中所发见之锄（即古耜形），图中（1）筑前网岛周船寺村古坟发见，（2）后备国双三郡吉金村，（3）筑前国鞍手郡中山村，（4）信浓国下伊那郡乔木村，（5）石见国美浓郡匹见下村。此诸锄、柄及圆木板，均朽，仅余下瑞金属制之粗 (奈良正仓院所藏子日手辛锄图版见《集刊》第二本第33页)，仍与奈良正仓院所藏者相同。即日本现今使用之锄，其形制仍与此形相近。可见此种形制在日本流传之久。返而求之我国现今使用之锹锄，即与此形绝远，即王桢《农书》所图，亦无如此形制。现今古物出土既富，著录渐广，何以亦不见此种农具？(《仪礼·既夕》说殉葬用器有弓矢、耒耜，出土古物中应有此种农具，或古董家不识此物，遂弃不录。)

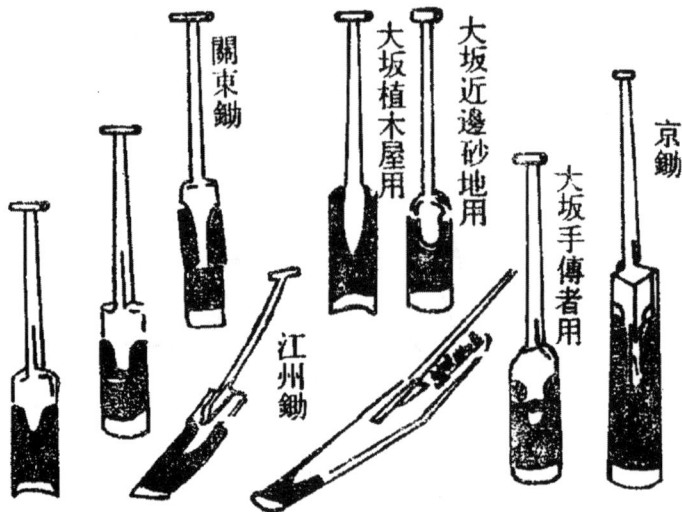

《日本社会事汇》所载现今使用之锄

《金文存》(卷六第115页)《梦坡室获古丛编》吴大澂古兵器屏条 (商务印书馆石印) 载有此器（6），旧皆以为横钺形，未确；当即农具中之犁馆。《尔雅·释乐》郭注"大磬形如犁馆"，犁馆《说文》或称犁冠。《说文·玉部》："瑁，诸侯执珪朝天子，天子执玉以冒之，似犁冠。"此以犁馆譬磬与瑁之形况，犁馆与瑁之形况，今虽不见，我们犹可依磬的样式推度之。

　　钱币中有磬币及桥币（或称桥梁币，或称荷叶币，此图见 Catalogue Chinese Coins），若倒观之，其形正与日本奈良正仓院子日手辛锄及古坟中发见之锄极相似，亦与犁馆之形相似。此种钱币甚小而薄，向来钱币诸书，仅备此一格，而不知其制之所从出。余近购得此币数枚，有两种（11、12）并为钱币诸书所未载，其中作窗格形丽娄相连，似为由（7、8、9、10）诸形蜕变至（6）之一种过渡形式。此丽娄相连形，与（6）图中空之秘，皆为便于与木相接者。

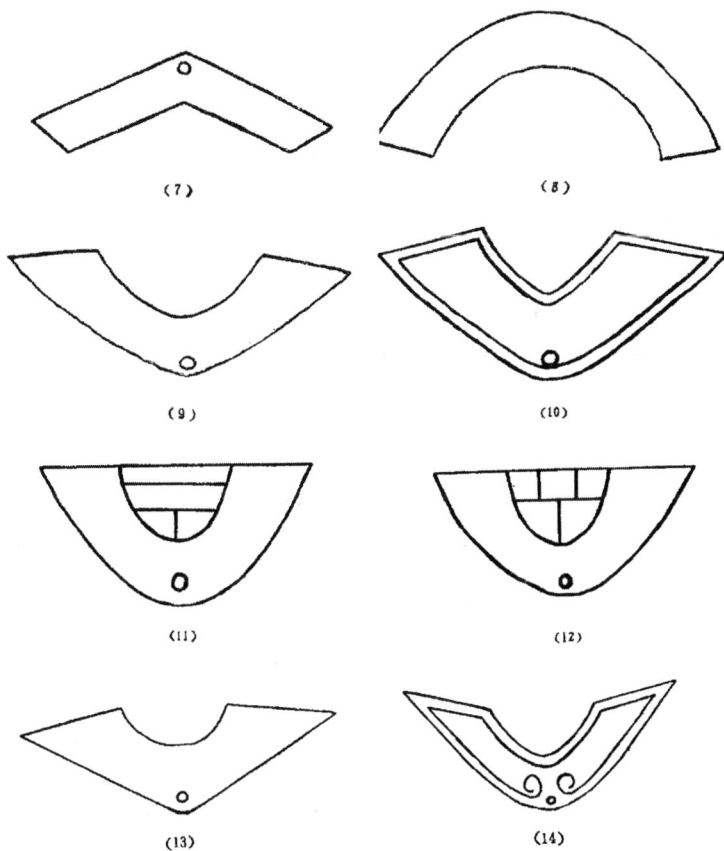

(7)　　　　　　　　　　(8)

(9)　　　　　　　　　　(10)

(11)　　　　　　　　　　(12)

(13)　　　　　　　　　　(14)

耒
耜
考

033

(15)

(16)

(17)

(18)

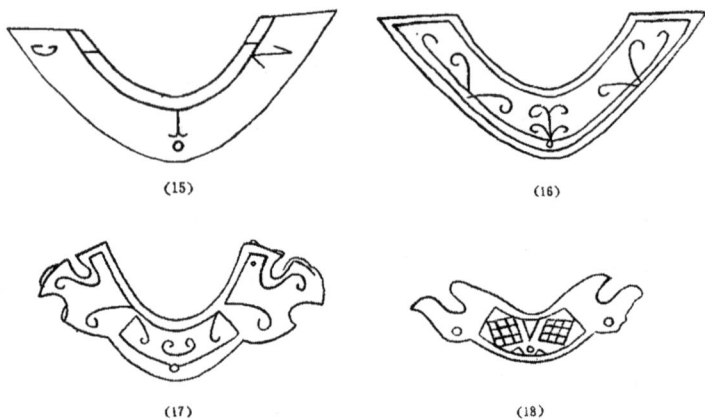

李光庭《吉金志存》、孟麟《钱布统志》载有诸币，较上图均较大，且有花纹者（13、15、17，见《吉金志存》）（14、16、18，见《钱布统志》）。钱币原为农具的仿制品，但此种花纹，似为钱币特有的饰品，观其种类繁多，大小殊异，亦可想见其流传之久远。《考工记·匠人》云"耜广五寸"，《吕氏春秋·任地》篇云"是以六尺之耜，所以成亩也，其博八寸，所以成圳也"。耜之广博，或说五寸，或说八寸，此种差异，似耜在先秦原有广狭的不同。《考工记》说耒径长六尺（看程瑶田《考工创物小记》，图见前），《吕氏春秋》亦说"六尺之耜"，凡柄长与人相中，过长、过短，均不适宜于工作。此两书所载，其长即同，则其广博的差异，自不能诿为尺度的不同，今日本奈良正仓院所藏之锄，长四尺三寸二分，以此当周尺六尺，则周时一尺即当今七寸二分，周时耜之广博自五寸至八寸，即当今三寸六分至五寸七分六厘。图13、15、17、18 四币，广约四寸左右，即在《考工记》《吕氏春秋》两耜广相差之中，可证此诸币即耜的仿制品。

最初的犁，即为此种耜形的放大，戴于木上，其形如冠，故称犁冠，字或作馆，混言曰犁，析言曰犁冠、犁馆，其实仍是一

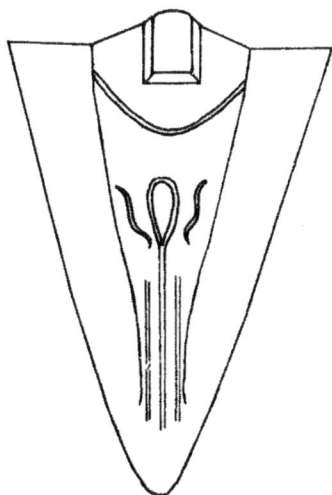

物。此种犁冠的形式，一直流传到西晋时。郭注《尔雅》仍以犁錧譬磬的形况，自是当时习见之物。今出土犁及犁范甚多，著录家皆以为唐物，其形制大小均与犁冠之形相近（如上图6广七寸二分，《匋斋吉金录》原造犁广七寸五分）。可见近代犁即由汉、晋犁冠演变而来。

耜及犁冠作半圆形者，乃其演进中最适宜的形式，《易·系辞下》云"斫木为耜"，最初的耜大概就是木制的圆头平叶式的农具。圆头取其刺地深，平叶取其发土多。到了铜器时代，社会上渐次觉得木制的农具不及金属制的犀利，于是就在平叶前端嵌入半圆形的金属制耜，此种半圆形的构成，在古代社会状况之下，实有三种理由：（1）保存原来的形式，与两刃锹臿保存歧头形式同；（2）金与木相接处最初没有凿柄相函的形式（说见前），作半圆形还比较的牢固；（3）铜铁的产量不多，为物力所限，不能作全体金属制的农具。

四、耒耜通行的区域

耒耜为两种不同的农具。由耒变为锹臿，由耜变为耕犁，二者各有其演进的道路，前面已经说得很明白了。现在我们不免要问古代的耒耜，既同为耕作之用，为什么要保存两种形式？当时的农人，是否每人都要备有这两种农具，如《管子》所说：

035

　　耕者必有一耒，一耜，一铫。——《海王》

　　一农之事，必有一耜，一铫，一镰，一耨，一椎，一铚，然后成为农。——《轻重乙》

《管子》所说农人必备的农具，前后已不一致，且铫与锹畬，本是一物，《方言》作斛，铫、斛同从兆声字。

　　畬，燕之东方，朝鲜洌水之间，谓之斛，宋、魏之间谓之铧，或谓之鏵，江、淮、南楚之间谓之畬，沅、湘之间谓之畚，赵、魏之间谓之槡（郭注字亦作锹），东齐谓之桿。——《方言五》

耒、铫、耜三者，耒、铫只是名称的不同，铫、耜只是形式的殊异，在实际上实无兼备的必要。《管子》书既杂乱，此更眩于古今方俗的名称，而不能辨别其同异，故杂举之。其《禁藏》篇云：

　　缮农具当器械，耕农当攻战，推引铫耨以当剑戟，被蓑以当铠，菹笠以当盾橹，故耕器具则战器备，农事习则战巧矣。

　　此则只择当时通用之名，故有铫而无耒耜了，《庄子·外物》篇也说：

　　春雨日时，草木怒生，铫耨于是乎始修。

《说文》"垂作耒耜"，而《释文》引《世本》云"垂作铫铧"，亦改从时俗之名。《周礼·乡师》注引《司马法》云：

　　　　辇，一斧，一斤，一凿，一梩，一锄。

《司马法》齐人书，故仅举东齐通行之梩名，而不及耒耜。此皆可证《管子》杂举之误。

　　耒耜两种形式，农人既不须兼备，而终能遵循各自的道路演进者，乃因耒耜二物，各有其通行的领域之故。

　　今据与此有关之各项材料，观其领域，也有很明显的分限。

　　耒为殷人习用的农具，殷亡以后，即为东方诸国所承用。

　　耜为西土习用的农具，东迁以后，仍行于汧、渭之间。兹分述如下。

　　传世的两足布、空首布、桥梁布、磬布等，即为农器的仿制品，则此种钱布制造之地，或通行之地，即其所仿制农器的领域。出土两足布、空首布其上皆载有地名，除字形奇诡者外，其明白可识者，皆战国时三晋（韩、赵、魏）之地，如图中涂▨处皆两足布、空首布通行的地方。

　　　　韩——屯留，长子（钱布作郎子），铜鞮（同是），湟氏，高都，宜阳，卢氏，平阴。

　　　　赵——晋阳，中都，兹氏，离石，邬，祁，邯郸，鄗，中山。

　　　　魏——安邑，垣，皮氏，平阳，北屈，山阳，安阳，梁，蒲。

其在三晋以外者，惟有渔阳（钱布作鱼阳，或释鲁阳，未确）之两足布，两周（西周、东周）与宋之空首布而已。

从大量的估计，战国时三晋通行两足布、空首布，燕、齐通行刀布（出土齐即墨、莒等刀布，燕地易水附近出土有明刀布）。两周在三晋之中，郑并于韩，宋、卫地近魏，燕之北土近于赵，故此诸地风尚，仍与三晋同。此诸两足布、空首布通行的地域，即耒通行的地域。

燕、齐通行刀布，不足以证其地通行的农具作何种形式。但从别方面，我们确知齐地在战国及东汉时均用耒为农具。

《管子·乘马》篇云："丈夫二犁，童五尺一犁。"此犁即耒之借字（犁耒古同来母），与后来所称之犁不同。郝懿行《证俗文》云："古者人耕，二犁为一耦。"故知此二犁即二耒，犁或以梩为之。《孟子·滕文公》"盖归反虆梩而掩之"，赵岐注"虆、梩，笼臿之属"；以笼释虆，以臿释梩。《方言》亦谓臿东齐谓之梩（见前）。臿即耒之异名，《孟子》屡言耒耜，此或用齐之方言，如称"虽有镃基，不如待时"同。武梁祠在今山东嘉祥县，即战国时齐地，其所绘神农所执耒耜，仍作歧头形。郑玄，高密人，亦战国时齐地，其注《考工记·匠人》云"古者耜一金……今之耜歧头两金"；郑氏齐人，只见"今之耜歧头两金"，亦可证东方通行农器为歧头之末。其一金之鉌行于西方，为郑氏所不见，遂诬为古制。

《方言》的作者，《容斋三笔》卷十五"别国方言"条，疑非扬雄，戴震也疑为依托。此两家所持理由有八：

（一）雄自序所为文，初无所谓《方言》。

（二）《汉书·艺文志》亦不载《方言》。

（三）雄答刘歆书言蜀人严君平，与《法言》称蜀庄不合。汉显帝讳庄，雄不应为显帝讳。

（四）既云成帝时与子骏书，乃云孝成皇帝，反复抵牾。

（五）书中称汝、颍之间，先汉人无此语。必汉、魏之际，好事者为之。（以上见《容斋随笔》）

（六）《说文》引雄说，皆不见于《方言》。

（七）《说文》义训用《方言》，又不言扬雄。

（八）后汉应劭始称雄作，其时代去雄远。（以上见《四库提要》戴震说）

近林语堂先生也说：

（九）《方言》作者虽为蜀人，而书中言蜀语者绝少。（见《西汉方言区域考》，《贡献》旬刊第三期）

现在我们看：

（十）《方言》中有歧头的斠、铧、錍、舌、畚、梟、樫诸称，而独无一金之鉌，似亦与作者籍贯有关。

合此诸证，我们也可断定《方言》作者当是三晋以东之人。《方言》所说舌的异名，及其通行的区域，燕之东北，朝鲜洌水之间，宋、魏之间，江、淮、南楚之间，沅、湘之间，赵、魏之间及东齐，都可视为舌所通行的区域。（《魏子窝报告》有两足布与刀布同时出土）

桥梁币、磬币，出土地不明，币又无文字，殊难断定其为何

布邦考

地之物。故秔的通行区域，今惟由传说方面测之（出土桥梁币、磬币铜锈极少，似非出西北高地者，无此干净）。

夏都安邑，《史记·匈奴列传》谓匈奴之先淳维即夏后之后。从地理及传说两方面看，都可视为西方民族，周起豳、岐，秦起西垂，更在安邑之西，此诸西方民族关系如何，今且不论。所可注意者，即此诸民族的兴起，皆与农业有关。

夏为姒姓国，铜器姒从女，从目。以目为其民族的标志，可见夏民族有史以来，就已跨入农业时代。从来传说谓"信彼南山，维禹甸之""弈弈梁山，维禹甸之""禹敷下土方"等，虽是指治水言，似亦与农业有关。《论语·宪问》篇云"禹、稷躬稼，而有天下"，《御览》引《世本》云"鲧作耒耜"（《御览》又引《世本》云"咎繇作耒耜"，繇与鲧字形相近，后人误鲧为繇，因增咎），此为传说中夏民族显与农事有关者。

周民族与农业的关系，更为密切。他们所讴歌的始祖，就是教民稼穑的后稷，后稷国于邰，《诗·生民》"诞后稷之穑……即有邰家室"，《毛传》云："邰，姜嫄之国也，尧见天因邰而生后稷，故国后稷于邰。"《说文·邑部》："邰，炎帝之后，姜姓所封，周弃外家，国右扶风斄县是也。"此可注意者二事：（1）近人多谓后稷无父而生，当为母系时代人物，即姜姓之后，姜为炎帝后，炎帝在传说中为中国农业的创始者。（2）邰从邑从台，台目同字，以目名国，自是其地以目耕作的特征。

秦似乎是游牧民族了，《史记·秦本纪》说秦之先大费佐舜调驯鸟兽，造父以善御幸于周穆王，非子居犬丘好马及畜，周孝王召使主马于汧、渭之间，马大蕃息，此皆秦为游牧民族的征验；及周室东迁，秦襄公、文公渐启岐、丰、汧、渭之地，《史记·秦本纪》云：

平王封襄公为诸侯，赐之岐以西之地，曰："戎无道
侵夺我岐、丰之地，秦能攻逐戎，即有其地。"与誓，封
爵之。襄公……十二年伐戎，至岐而卒，生文公；文公
元年居西垂宫，三年文公以兵七百人东猎，四年至汧、
渭之会，曰昔周邑我先秦嬴于此，后卒获为诸侯，乃卜
居之，占曰"吉"，即营邑之。

汧、渭之会地本称秦，《师酉敦》云"秦夷"疑即指此，后秦人攘
有其地，因袭用其名，观《史》云"昔周邑我先秦嬴于此"，嬴之
称秦由地得名，意极显然。秦，甲骨、铜器作：

《后编》下第37页　　　　史秦鬲　　　　　师酉敦

邘子簠　　　　　秦公敦

象抱杵舂禾之形，观其地名，即可想见其农业的状况。

总之，西方农业，绝不在东方之后。所以他们的农器也不至
模仿东方的形式。

甲骨文从耒及从耒得音、得义诸字甚多；而目字仅两见，从
目之字绝不见。从数字上看，也可晓得耜非殷人常用之物，而上
文所述耒的通行区域，又尽是殷人散布的地方；卫为殷畿内之地，
周为殷顽民迁地，郑与商人同出自周（旧解均谓商人为商贾，非是），宋

耒
耜
考

为殷后，鲁公之封因于商奄，朝鲜相传为箕子逊地，此均殷人散布之地，明白可考者。惟晋本为夏之故地，《左传·定四年》："分唐叔以……怀姓九宗……命以唐诰而封于夏虚，启以夏政。"怀姓据王静安先生说即鬼方、匈奴姓氏（说见《观堂集林·鬼方昆夷猃狁考》）。其人，其地，与夏的关系密切如此，他们的农具，为什么不用耜而用耒？此中原因，大约有四：（1）东迁以后，晋与东方诸侯会盟聘享，来往频繁，故与东方的习俗，易于接近。（2）晋在春秋国力日形膨胀，必须招徕异国之民以实其地，如《孟子·梁惠王》章云"邻国之民不加少，寡人之民不加多"，即其证。（3）春秋时晋为诸侯盟主，垂百余年，城濮、鄢陵、邲、巩诸战，师之所经，使东方农具得有传播的机会。（4）晋为盟主，各国均有贡献，物力雄厚，为商贾所必趋，而交易之货币，即为农具，此尤为易于传播之原因。

日本小岛佑马先生《殷代之产业》一文（见《支那学》第三卷第十号），曾就罗氏《殷虚书契考释》一书，统计甲骨文中关于农事的记载，有：

卜年岁丰凶的 **22** 次，卜风雨的数次（共 77 次，内中大部分与出入田猎有关）。

关于农事的文字，有农、啬、圃、畯、禾、黍、麦、米、糠、桑、年诸字；今再检甲骨文还有耤、丽、麗、男、畇、疆、畕、甾、季、秦、稷、𥠇诸字，可补小岛先生所不及。此诸字自一二见，至数十见不等，还有偏旁与农事有关而字不可识者，尚未写入，从数量上看，都足以表示殷代农业之盛。王静安先生说殷代饮酒之风极盛，传世酒器尊、卣、爵之类，十之七八为殷代物，武庚既灭，周公以殷民封康叔于卫，作《酒诰》以殷为戒；微子也说：
"我用沈酗于酒。"又说："殷邦方兴，沈酗于酒。"他们饮酒的风
气，甚至于亡国，即此一点，已可证明其农产物的丰富了。小岛
先生也说甲骨文记载田猎虽多至 123 次，但应视为特权阶级间（天
子或诸侯）的礼仪，或娱乐，并不能视为一般的产业。那时民间的
生产，只是农业与畜牧。

　　殷代的农业，既如上述。而从耒及从耒得音、得义诸字，又
屡见于甲骨文中，可见耒为殷人所习用的农具。我们也可以说因
为殷人有了较好的农具，所以他们才能离开渔猎生活，而跨入农
业与畜牧的社会中。同样我们也可以说，因为西方民族有了较好
的农具，所以他们才有自创的、独立发展的农业。

五、耒耜名称的混淆

　　耒、耜二物，在实际上本有明显的分别，但其名称则极混淆。
向来注家都以耒为耜上句木，耜为耒下入土的耵或金。

　　耜，耒下耵也；耒，耜上句木也。——《易·系辞》
京房注

　　耒，耜之上曲也；耜，耒之金也。——《月令》郑注

　　耒，耕曲木也；枱，耒耑也。——《说文解字》

　　耜，耒端木，所以施金也。——《汉书·食货志》
颜师古注

　　入土曰耜。——《周语》韦注

　　耜，耒头铁也。——《庄子释文》引《三苍》

此种名称的混淆，本不创于汉人，《孟子》书以耒耜、镃基、藁椠、铁耕并举，其界限已不易明。三百篇中虽有耜无耒，但《臣工》一章又有"庤乃钱镈"之语，其混淆似又不在战国时了。铜器中目及从目诸字，或有从彐者。

口以鼎	邰伯达敦	齐鎛氏钟	邓公敦

余𣄡钲	斎敦	邾王鍴	陈侯因𦿶敦

师毃敦	善夫克鼎	师兑敦

叔编钟	芮伯壶	无𦙭敦	秦公敦

师酉敦	录伯敦	釐鼎	师𡱃敦

克鼎	辛鼎	师寰敦器文从贝	师寰敦盖	叔向敦

隶书日作以，从人，即彐形之讹。彐即来之倒文。何以知为来之倒
文？铜器整、鳌、赘、擎诸字作整、赘、擎，均从来、从彐二声，
从来来讹为来（如《秦公敦》《辛鼎》《师寰敦》等），彐讹为广（《师酉敦》），
为彐（《录伯敦》）为𠂆（《师贼敦》），于擎字得声之故，既已迷失，故
又从里声，作鳌（彐𠂆古文反正不分），擎从彐声，故知彐为来之倒文。
嗣铜器《盂鼎》作嗣，亦有从力者，作：

善夫克鼎　　克鼎　　叔氏钟　　纂伯敦　　叔向敦

番生敦

此字阮（元）、吴（大澂）诸家，都释为稣字，未确。铜器中稣钟之
稣，从不用此字，分别甚明。《玉篇》刻之古文作剅，从刀，即从
力之讹；释刻，亦未确。薛尚功《钟鼎彝器款识·微栾鼎》云：
"用锡康勘鲁休，屯右眉寿永命霝终。"薛氏释勘为嗣。此与克鼎
"用匂康勘屯右，眉寿永命霝终"，同为祝嘏之辞，当为古之成语。
观以下诸文，应以释嗣之义为长。

　　　不显皇祖考穆穆克誓厥德，严在上，广启厥孙子于　　　来
下，勘于大服。——《番生敦》　　　　　　　　　　　　　　耜
　　　圣念厥圣保祖，师华父勘克王服，出内王命。——　　　考
《克鼎》
　　　广启禹身，勘于永命。——《叔向敦》　　　　　　　　045

用广启士父身，勖于永命。——《叔氏钟》

此诸勖字于文义皆当释嗣。"嗣于大服""嗣克王服"与《尚书·大诰》"嗣无疆大历服"、《诗·下武》"昭哉嗣服"、《武》"允文文王，克开厥后，嗣武受之"等语例相同。上称祖考，下述继事，文意相承。嗣于永命，亦继世于万年之意，祝嘏之辞，正当如此。此诸嗣字，若释为穌，不但字形不类，即辞意亦扞格难通。嗣或从力，即力ヲ相通之明证。力本象耒形，故耒形又得作ヲ。

铜器又有爵字，作：

丹匜　　　　　父丁觯　　　　父癸尊　　　爵文

从两耦（或省从一耦）从册，《说文》爵之古文作🏛，从一耦从册，与铜器中诸形相同（从一耦与爵文同，两耒倒立与父癸尊同）。疑古代爵秩之爵，与彝器之爵，各有专字。此即爵秩本字。铜器中述王册命之词，大略相同。兹举《朢敦》为例：

　　王在周康新宫，旦，王格太室，即位，宰佣父右朢
　　入门，位中廷北乡，王呼史佚册命朢。

此王与史为耦，朢与宰佣父为耦，两耦相向，以行册命之事，情形正与铜器诸文合。《古文爵》及《父癸尊》所从之耒，均作倒文形，又可证嗣所从之ヲ，确为耒形了（又封建时代世族柄政，爵禄之颁，仍是父子相续，疑嗣之得形，或由爵秩之爵字省变而来）。

从ヲ之字，甲骨文有后、𠂤二字（见《后编》下第9页），其意义不

明。铜器从习者，司字作：

| 毛公鼎 | 宗周钟 | 者女觥 | 叔向敦 | 扬敦 |

嗣字作：

| 盂鼎 | 颂敦 | | 免簠 | 无重鼎 | 卯敦 |

| 毛公鼎 | 舀鼎 | 师酉敦 | 召叔山父簠 | 子仲匜 |

铜器中司、嗣二字之用，分别甚别。如：

> 保余小子，朕猷有成亡竞，我佳司配皇天。——《宗
> 周钟》
> 余小子司朕皇考，肇帅井先文祖奴明德，秉威
> 义。——《叔向敦》
> 司余小子。——《毛公鼎》

此诸司字均当作嗣解。《诗·江汉》云："无曰予小子，召公是
似。"《诗》嗣字多用似，文意与铜器诸文同。《尚书·高宗肜日》
"王司敬民"，《史记·殷本纪》作"王嗣敬民"，是司、嗣古多通
用。《䚅敦》"司锡女赤肺市㡀殳"，又一器司作史，是司又与史

通。至有司之司，司徒司工司马之司，铜器中均作嗣（《说文》以嗣为籀文辞），从无作司者（叔向敦"司余小子"以司为嗣，"勖于永命"以勖为嗣，同一器而嗣字前后殊异，铜器自有此例）。

ㅂ作以，从ㅋ，与经典耜形义无别，当为耜之异文。耜，以从耒，ㅋ，即耒耜相混淆之证。经典耜字始于何时，今不可考。铜器以或从以诸字，则为春秋或春秋稍前时之物。在文字上可见其混淆之久。又耒、耜同为耕田刺土之具，其形式的不同，本不是当时人所注意的。且其通行的地域不同，一般人亦无互相比较的机会。所以东方人以为耒即西方之耜，西方人以为耜即东方之耒，于是此耒、耜二名，就渐次形成一物，铸成一个成语——耒耜。耒耜并称的由来，当是如此。

上面的猜想如果不错，我们更进一步问注家为什么以耜上句木为耒，耒下靬或金为耜？我想只有下面的解释较为合理：

古代社会用金属制的农器总在兵器之后（说前见）；而甲骨文、铜器中耒及从耒诸字，又都像是木制。两足布、空首布的铸作，从文字上都属于春秋后期与战国时代之物，可见其起源甚晚。殷商末期，周兴西方，其物力与文化当均在殷人之后；但其农具用金属制，则似较早于东方。《诗经》中说耜的，前面都附有锐利的形容词，如"覃耜""有略其耜""畟畟良耜"，《毛传》"覃，剡也""略，利也""畟畟犹测测也"，似均为金属制者。且桥梁式、磬式的农具，形式极简单，即在圆木端嵌一半圆式的金属片，较两足式的农具，易于制作。如此则在东方还没有金属制的农具时，耜的特点，即所以异于耒者，自是其下端之金。因而谓耒为木，谓耜为金。后来东方的耒，也采用金属制了，耒、耜又混为一名，于是就以耜上句木为耒，耒下金（或靬）为耜。此事看来虽是一两个名称含义的演变，而实是古代社会生产上一大改革。周人有了这两种金属制的农具，才能发展他们所讴歌的"如茨如梁""如坻如京"的新农业。我们要晓得凡是历史上有价值的文化，绝不产生于悬鹑悬貆的社会中。丰富的文化，必建筑在丰富的物质上。我们文化上的黄金时代——春秋战国时代——必有"千斯仓""万斯箱"为其产生的基件。

六、古代耕作状况

耒、耜的形制，已如上述，今更进而探寻其耕作之状况。

《诗·七月》云："三之日于耜，四之日举趾。"《毛传》述其义云："民无不举足而耕矣。"

举足而耕，乃是耕作时最自然的现象。耒、方二字歧头上之横画，即举足所加之处。即利用全身重量，将刃压入土中。今用锹掘土者，仍是如此。甲骨、铜器中之耤字，就象人侧立推耒，举足刺地之形。故耤之本义，应释为蹈，为履。

> 籍，蹈也，言亲自蹈履于田而耕之也。——《后汉书·明帝纪》注引《五经要义》
> 藉谓蹈藉也。——颜师古《汉书·文帝纪》注引臣瓒说

籍、藉、耤，古通用字，或转为蹨。

> 一人蹨耒而耕，不过十亩。——《淮南子·主术训》
> 修胫者使之踔镢（镢，《太平御览》引作锸）。——《淮南

子·齐俗训》

从容房闱之间，垂拱持案食者，不知蹠耒躬耕者之勤也。——《盐铁论·取下》篇

民蹠耒而耕，负担而行，劳罢而寡功。——《盐铁论·未通》篇

跖、蹠古通用，《淮南》高诱注"跖，蹈也"。此可证蹈履为耤字正解（《论语》民无所措手足，即从此义引申）。后来耤字为借义所夺。

藉之言借也，借民力治之，故谓之藉田。——《诗·载芟·序》郑笺

古者使民如借，故曰藉田。——《风俗通·祀典》

因别造一踖字，以为蹈履之踖。

藉为蹈履，故得引申为荐丁他物之意。如"凭藉"（成语）"藉用白茅"（《易·大过》初六）之类是。声转为苴，如《汉书·郊祀志》云"江、淮间一茅三脊为神藉"，而《终军传》则云"苴以白茅于江、淮"，《曲礼》云"凡以弓剑苞苴箪笥问人者"，郑注："苴，藉也。"又转为助，如《孟子·滕文公上》云："助者藉也。"又转为锄，为鉏，如：

商人七十而锄，锄，藉税也。——《说文》引《孟子》

杜子春云："菹读鉏，鉏藉也。"玄曰："菹之言藉也，祭食有当藉者。"——《周礼·春官·司巫》注

凡且声字，多与耤相通。租税之称，钼锄之名，当即由藉转变而来。

耕稼之事必须手足共作，蹈履之外，同时仍须用手推发。《考工记·车人》云：

> 坚地欲直庇，柔地欲句庇，直庇则利推，句庇则利发，句倨磬折谓之中地。

推即推之入土，与蹈履是同时并作之事。《月令·孟春》：

> 天子亲载耒耜，措之于参保介之御间，帅三公九卿诸侯大夫躬耕帝藉，天子三推，三公五推，卿诸侯九推。

推之多少，大概与入土之浅深有关。入土深则发时土之坟起者多。《孟子》所谓深耕，即指此言。"坚地欲直庇"，亦是入土易深之意。发与墢、坺、伐、方字同（说见前）。即耒耜入土以后，斜抑其柄，使土坟起。《说文》一臿土谓之坺，即指此坟起之土言。句庇则利发，亦土易坟起之意，《周语》云：

> 王耕一墢，班三之，庶民终于千亩。

合而观之，正是三推当一墢，亦可见推难而墢易。古代耕作，即反复的推发，使田中土皆坟起为止。《诗·生民·传》"方极亩也"，意即极亩尽是发过之土。

　　此种反复的推发，在战国以前，大都是两人共作，谓之耦耕。

> 亦服尔耕，十千维耦。——《诗·噫嘻》
>
> 千耦其耘。——《诗·载芟》
>
> 庸次比耦，以艾杀此地。——《左传·昭十六年》
>
> 譬如农夫作耦，以艾杀四方之蓬蒿。——《国语·吴语》
>
> 长沮桀溺耦而耕。——《论语·微子》
>
> 禹见耕者耦立而式。——《荀子·大略》

且须事先筹备，免得临时乱了秩叙。

> 命农计耦耕事，修耒耜，具田器。——《月令·季冬月》
>
> 以岁时合耦于锄，以治稼穑，趋其耕耨，行其秩叙，以待有司之政令。——《周礼·里宰》

曰比（《齐语》"比其耒耜锄芟"），曰比耦，曰次，曰秩叙，曰有司之政令，可见其有一定的秩叙。甲骨、铜器中的丽字（见前），两耒并列，正象其比耦之形。古代所以必须耦耕者，大约有两种原因。程瑶田说：

> 一人之力，能任一耜，而不能以一人胜一耜之耕，何也？无佐助之者，力不得出也。故必二人并二耜而耦耕之，合力同奋，刺土得势，以终长亩不难也。

此固是耦耕的重要原因，但"相人偶"亦古代一种习惯。

> 郑注《公食大夫礼》宾入三揖日，相人偶；注《中庸》仁者人也日，读如相人偶之人，盖古有是语，以相人偶为耦俱貌合之意。——朱骏声《说文通训定声》"偶"字注

相人偶至东汉时尚为通行的成语，可见二人为耦，在古代极为普遍。不独耦耕是如此，射法亦两人相对，以决胜负（《礼记·曲礼下》君使士射疏语）。如《左传·襄二十九年》所说"射者三耦"，《仪礼·大射仪》则记耦射之事甚详：

> 遂比三耦，三耦俟于次北，西面北上；司射命上射日，某御于子，命下射日，子与某子射。卒，遂命三耦，取弓矢于次。……上射先升三等，下射从之中等，上射升堂少左，下射升，上射揖，并行，皆当其物，北面揖，及物揖，皆左足履物，还，视侯中，合足而俟。……上射即发，挟矢，而后下射射……

此全是古代习惯使然，实与合力同奋无关；当是耦耕之另一重要原因。

在封建社会里，世族与平民截然成两个阶级，所以农之子恒为农（《齐语》管仲之言），耦耕制在这种社会里，是不会有什么改变的。到了战国以后，世族有时也降为皂隶，白屋之士或至公卿，农之子于是也不必恒为农了，那时首先受影响的，自是耦耕秩叙的破坏。我们看：

> 一人跖耒而耕，不过十亩。——《淮南子·主术训》

　　古者耜一金两人并发之……今之耜歧头两金，象古之耦也。——《考工记·匠人》郑注

　　两汉时人的著作说当时的农事，已经不是耦耕了。

　　虽然，耦耕之制，沿袭既久，亦不至骤然衰歇。如汉武帝时赵过教民耦犁二牛三人，耦犁自是就当时的耦耕略加改革的一种耕作。

七、牛耕的兴起与耒耜的遗存

　　牛耕或用他种家畜耕，在世界农业史上，都属后起之事。《世本》云"胲作服牛"，《吕氏春秋·勿躬》篇"王〓作服牛"，王静安先生谓胲及王〓即殷之先王王亥（说见《观堂集林·殷先王先公考》）。又《世本》云"相土作乘马"，相土亦殷代先王。《世本》所载多属传说，但甲骨文中已有两马或牛所驾之车。故古谓服牛，亦仅指驾车而言，籀文驾即从牛作牿。

　　　　肇牵车牛，远服贾用。——《尚书·酒诰》
　　　　见舆曳，共牛犁。——《易·睽》六三
　　　　皖彼牵牛，不以服箱。（《毛传》："箱，大车之箱也。"）——《诗·大东》
　　　　天下乘马服牛，而任之轻重有制矣；一宿之行，道之远近有数矣。——《管子·乘马》
　　　　今夫商……负任担荷，服牛辂马，以周四方。——《管子·小匡》

> 揉轮建舆，驾马服牛，民以致远而不劳。——《淮南子·泛论训》

> 今夫儳载者，致一车之任，极一牛之力。——《淮南子·泛论训》

> 剥牛皮鞹以为鼓，以正三军之众，然为牛计者，不若服于轭也。——《淮南子·泛论训》

古代服牛乘马，似由战争而起。古书中载周武王的故事有一段说：

> 税马于华山，税牛于桃林，马弗复乘，牛弗复服，衅鼓旗甲兵，藏之府库，终身不复用，此武王之德也。——《吕氏春秋·慎大览》

此故事起源必甚早（又见《乐记》《韩诗外传》《史记》诸书）。《伪古文尚书·武成》篇亦有此语。孔疏云：

> 华山之旁，尤乏水草，非长养牛马之地，欲使自生自死。此是战时牛马，故放之，示天下不复乘用。

据此文我们可以猜想当此传说发生时，牛马除了战争时乘载外，是没有别的用途的。要表不打战，只有将这些牛马放之华山、桃林，使之自生自死。那时民间不但没有牛耕的习惯，连服牛乘马，也不多见。不然，这些牛马何必放之自生自死？《周礼·地官》备载牛之用途，而独无耕稼之事：

> 牛人掌养国之公牛，以待国之政令。凡祭祀共其享

耒耜考

牛求牛，以授职人而刍之；凡宾客之事，共其牢礼积膳之牛，飨食宾射，共其膳羞之牛。军事共其犒牛，丧事共其奠牛。凡会同军旅行役，共其兵车之牛，与其牵彷，以载公任器。凡祭祀共其牛牲之互，与其盆簝以待事。

可见作《周礼》时尚无牛耕之事，后魏贾思勰《齐民要术·序》云：

> 故赵过始为牛耕，实胜未耜之利。

唐贾公彦《周礼·里宰》疏也说：

> 周时未有牛耦，至汉时搜粟都尉赵过始教民牛耕。今郑云合牛耦可知者（郑玄注《里宰》语），或周末兼有牛耦，至汉赵过乃绝人耦，专用牛耦，故郑兼云焉。

牛耕始于赵过，似觉太晚。古代交通不便，地方情况各有不同，汉时就有些地方不宜牛马：

> 内郡人众，水泉荐草，不能相赡，地势温湿，不宜牛马。——《盐铁论·未通》

赵过推行耦犁时，民间"或苦少牛"的就逃亡到泽中做"盗贼"去了（见《汉书·食货志》）。《汉书》说"九真、庐江不知牛耕，每致困乏，任延、王景乃令铸作田器，教之垦辟"（用《齐民要术·序》语）。观此种记载，我们可以猜想在赵过时必有些地方已经施行牛耕了。赵过不过使这种耕作方法，推行到各地去。《汉书·食货志》说：

> 民或苦少牛，亡以趋泽，平都令光教过以人挽犁。

此必平都有用人挽犁的方法，所以平都令得举以教过。宋叶梦得也说（见《汉书》校刊记齐召南引）：

> 古耕而不犁，后世变为犁法，耦用人，犁用牛，过特为增损其数耳，非用牛自过始也。

周必大《泰和曾氏农器谱序》并举出几个证据来讨论牛耕不始于赵过：

> 《山海经》曰，后稷之孙叔均始作牛耕，世以为起于三代。厥后王弼传《易》，以为稼穑之资。宋景文公辟之曰"古者牛唯服车，《书》'肇牵车牛'，《易》'服牛乘马'，汉赵过始教牛耕"，盖本贾思勰《齐民要术》。予谓辅嗣固失矣，贾氏、景文亦未为得也。窃疑牛耕起于春秋之间。故孔子有犁牛之言，而弟子冉耕亦字伯牛。彼《礼记·月令》季冬出土牛，示农耕早晚。贾谊《新书》、刘向《新序》俱载邹穆公曰"百姓饱牛而耕，暴背而耘"；大率在秦汉之际，何待赵过？

周氏所举的证据：（1）《山海经》有后稷之孙叔均始作牛耕之说；（2）孔子有犁牛之言；（3）冉耕字伯牛；（4）《月令》季冬出土

牛示农耕早晚；（5）《新书》《新序》载邹穆公饱牛而耕之言。此五说宜分别论之：

（1）《山海经》有后稷之孙叔均始作牛耕之说。此文出于《山海经·海内经》中。《海内经》多汉郡县名，书最晚出，只能视为汉代的传说，即只能认为汉代实有牛耕的证据，汉以前有无牛耕，则须待他事证明。

（2）孔子有犁牛之言。此出《论语·雍也》篇。何晏注"犁，杂文也"，《淮南·说山训》"刓屯犁牛，既鞹以鞴"，高注"犁牛不纯色"，杂文或不纯色之牛为犁牛，与农耕无关。

（3）冉耕字伯牛。此出《史记·孔子弟子列传》。《论语》只云冉伯牛不传其名，春秋时名耕字牛者，尚有宋司马牛。《说文》"牼"下引《春秋传》"宋司马牼字牛"。段注云："按《仲尼弟子列传》宋司马耕字牛，《左传·哀十四年》两书司马牛不称其名。许云司马牼，岂即司马耕与？外此昭二十年、二十一年宋有华牼，《孟子》书有宋牼，皆不传其字。"此两名耕字牛者，皆出《史记》。汉人之说，恐不足据。《论语》孔注说，司马牛一名犁，陶宗仪《辍耕录》载张孟兼《弟子章句》又作司马犁耕，可见后人辗转附益的痕迹。王引之《春秋名字解诂》更从字义上反对名耕字牛者与牛耕有关。他说："古者耕以人耦，不用牛力，作耕非本义也。耕当为牼，《说文》'牼，牛膝下骨也'，引《春秋传》曰'宋司马牼字牛'，即司马耕也。……冉耕亦当为冉牼，古字假借耳。"

（4）《月令》季冬出土牛示农耕早晚。《月令》原文云"命有司大傩，旁磔，出土牛，以送寒气"，并无"出土牛示农耕早晚"之言。高诱注："出土牛令之，乡县得立春节出劝耕土牛于东门外，是也。"高氏东汉人，所言即汉时习俗，如《盐铁论·授时》

篇云："发春而后，悬青幡而策土牛，殆非明主劝耕稼之意，而春令之所谓也？"明是汉代之事。高氏见汉人以土牛劝耕，因误认《月令》送寒气之土牛，亦为劝耕之用，其不足据甚明。

（5）《新书》《新序》载邹穆公饱牛而耕之言。《新书》《新序》都是汉人所著书。以汉人述古代事，自然要加上许多汉人色彩。此饱牛而耕，自是汉人色彩，不能就视为邹穆公时事。

以上五说，都不足为牛耕始于春秋的论证。

牛耕的开始，今唯于古代遗物中求之，如犁錧形图（见前），其上黄人（或释元）二字，确是先秦以前物。此种大农具，绝非人力所能胜任，故由此物即可推知先秦以前已有牛耕。但亦不得在战国初期以前。《史记》载：

> 魏有李悝尽地力之教。——《孟子荀卿列传》
> 当魏文侯时李克务尽地力。——《货殖列传》

李悝即李克，悝、克古同来母，故得相通（《汉书·艺文志》李克七篇在儒家，李悝三十二篇在法家，乃后人误分，王应麟《困学纪闻》据此以悝、克为二人，非是）。魏文侯时的李克只能做到尽地力之教。《汉书·食货志》云："李悝为魏文侯作尽地力之教……治田勤谨，则亩益三升，不勤则损亦如之。"其要点只在勤谨与不勤谨，可见其时的农具还没有什么改革。

牛耕盛行以后，耒耜退居于辅助农具的地位，亦未至全然绝迹。其可征者，略举如下：

> 杴　贾公彦《考工记》疏云："耒状若今之曲柄杴也。"

铧锹　颜师古《急就篇》注："耒今之曲把枈（铧）锹，其遗制也。"

长镵　王桢《农书》云："长镵，踏田器也，镵比犁镵颇狭，制为长柄，谓之长镵，杜工部《同谷歌》曰'长镵长镵白木柄'，即谓此也。柄长三尺余，后偃而曲，上有横木如拐，以两手按之，用足踏镵柄后跟，其锋入土，乃掀柄以起坺也。在园圃区田，皆可代耕，比于钁斸，省力，得土又多，古谓之跖铧，今谓之踏犁，亦耒耜之遗制也。"

锋与耩　王桢《农书》云："锋，古农器也，其金比犁镵小而加锐，其柄如耒，首如刃锋，故名锋，取其铦

《农书》之镵　　　《农书》之锋

利也。地若坚垎，锋而后耕，牛乃省力，又不乏刃，《古农法》云：'锋地宜深，锋苗宜浅。'《齐民要术》云：'速锋之地，恒润泽而不硬。'注曰：'刈谷之后，即锋发下，令突起，则润泽易耕。'《种谷》篇云：'苗高一尺，则锋之。'《黍穄》篇云：'苗生垄平，锋而不耩。'《农书》云：'无鐴而耕曰耩。'既锋矣，固不必耩。盖锋与耩相类，今耩多用歧头，若易锋为耩，亦可代也。近世农家不识此器，亦不知名，兹特录其功用，知不可废也。"

以上枛、铧、锹、耩，为耒的遗制。长镵、锋及前述之日本子日手辛锄，为耜的遗制。王桢云"长镵………今谓之踏犁"，又云"今耩多用歧头"，足证长镵与耩尚存于元代。至于锋，则元代已"不识此器，亦不知名"，观此亦可知宋、元以后的耒耜，在农事上已无足重轻了。

（原载《国立中央研究院历史语言研究所集刊》第二本第一分，1982年江西《农业考古》第1、2期重载）

耒
耜
考

061

殷人服象及象之南迁

曩者余友余永梁先生在《甲骨文例后记》中，谓商代文化颇受外来影响。其所持之理由，多本于安得生之《甘肃考古记》。更由安氏之言，推及甲骨文字，认为：

> 最初似从索米特克。索米特克为东方文字之源，巴比伦、埃及、阿利安、希伯来、阿拉伯文字，均自此来。甲骨文与索米特克相似者颇多，如鸟、人、山、水、围等，均似，与甘肃辛店期彩色陶瓷花纹之鸟、人，亦复相似；而上帝之帝，与甲骨文帝字，绝无二致，形谊全同，然则疑中国文字外来，亦非绝无理也。

余先生所举诸证，以余观之，适得其反。代表甘肃辛店期者，为彩色陶瓷，而在安阳出土者则绝无着色之器（此文草成时，适李济之先生由安阳来平，携有殷虚出土之惟一的彩色陶片一块。疑非殷虚所产，当由他处携来者，或即东西两地已有交通之证。李先生于此陶片，将著为论文，谨先介绍于此），其形式亦复不类。而《甘肃考古记》中之鸟、人等，又与铜器、甲骨中，字形迥殊。其最显著易见者，即铜器、甲骨中画鸟兽形，多作侧式，两足之鸟，皆作一足，四足之兽，皆作两足。此不但与《甘肃考古记》之鸟，作两足者不同，即求之巴比伦、埃及古物中，亦罕见此形。即此一端，已可证明东西风尚之不同，而甲骨文字，尤不得与辛店、仰韶之文化，混为一谈。

余疑古代环渤海湾而居之民族，即为中原文化之创始者，而商民族即起于此。史称商代建都之地，前八而后五。就其迁徙之迹观之，似有由东西渐之势。与周人之由西东渐者，适处于相反之地位。盖辛店、仰韶之文化，本为西方民族之遗迹。及商民族西渐时，此文化在东方遂失传播之机会。周兴西方，其文化本在商民族之下，及入据中原以后，挟其新兴民族之势力，承用商人旧文化，而稍加改革，如王静安先生《殷周制度论》所云者，自为意中之事。后来辽、金、元、清四代，与此若出一辙。当此时商民族经周人迫逐，离析为数部。

其留居故都朝歌者则周人徙之洛邑，及分与卫侯七族，鲁侯六族（见《左传·定四年》）。其东徙者，或留居于宋，或随箕子逊居朝鲜。其最后与周人抵抗者，则驱其所服之象，迁于江南。

余作此说，有简短之理由数则：

（一）殷、周显然为两种民族（说详拙著《殷周民族之推测》，载《国学论丛》第一卷第一号）。

（二）铜器中之周器，不见周成王以前之物。传世"周公作文王尊彝"诸器，皆伪作。故周初有无文字，实为一个有趣味之问题。

（三）文化之进展，应有一定之次第，层累而上。春秋、战国间，邹、鲁、宋、齐之文化，必有历史上之凭借，绝非骤然兴起者。

兹再就殷人服象，及象之南迁，详述如次。

一、殷代河南实为产象之区

殷虚甲骨文"获象""来象"之文凡三见：

今月其两只（获）象——《殷虚书契前编》卷三，第31页

（缺）🐘象（缺）只（获）象——《殷虚书契前编》卷四，第44页

□□其来象三——《殷虚书契后编下》，第5页

此获象、来象之象，必殷虚产物，与后来驯象之由他处贡献者不同，罗振玉《殷虚书契考释》云：

象为南越大兽，此后世事。古代则黄河南北亦有之。为字从手牵象（说详后），则象为寻常服御之物。今殷虚遗物，有镂象牙礼器，又有象齿，甚多，卜用之骨，有绝大者，殆亦象骨，又卜辞卜田猎有"获象"之语，知古者中原象，至殷世尚盛也。王征君（静安先生）曰："《吕氏春秋·古乐》篇：'商人服象，为虐于东夷，周公以师逐之，至于江南。'此殷代有象之确证矣。"（王先生说见《观堂别集·敫卣跋》）

古代传说，本多缘饰之词，但亦当有若干事实，为其素地。此若干事实，如在传说中澄滤而出，即与信史无二。而传说之可信与

否，即视此澄滤而出之事实之多寡而定。殷虚产象，既由甲骨文为之证明，则殷人服象之说，经此次澄滤，实已取得信史之价值。而殷代河南产象之说，又因此传说，为两重之证明。

《禹贡》豫州之豫，为象、邑二字之合文。《说文》"豫，从象予声"，从予乃从邑之讹。予为晚出之字，不见于甲骨、铜器及较古之书籍。

（一）训我之予，甲骨、铜器，皆作✦，作余；《三体石经》予，古文作舍。

（二）经典虽余、予并用，而《仪礼》《礼记》《左传》皆作余，不作予。

（三）《羌鼎》之✦，阮氏释为序，未确；此字又见《格仲尊》，作✦，乃寽字。

（四）《尚书》中从予之字，如《金縢》"王不豫"，《说文》引作念；《多方》"洪舒于民"，《困学纪闻》云"古文作洪荼"；《顾命》东序西序之序，《大传》作杼，《一切经音义九》云"序古文阼同"，疑即阼字之讹，阼为阶除，序为东西墙，义实相近。

邑，铜器作：

师酉敦　　鬲攸比鼎　　齐侯壶　　　散盘　　　曶鼎

两足布则变为：

安邑币　　　　　　　　　梁邑币

与予字形极相似。汉碑中豫作：

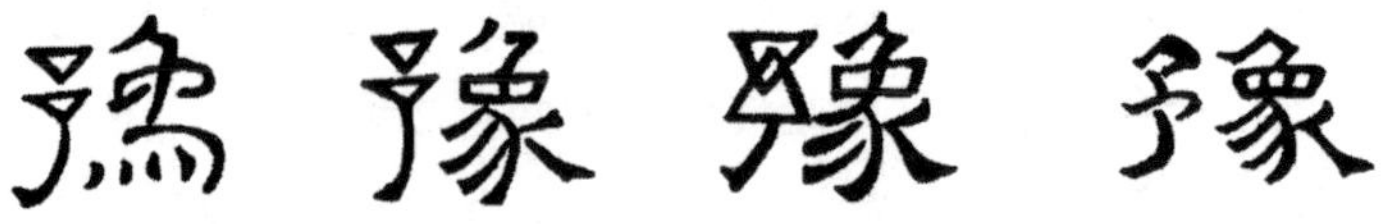

郭旻碑　校官碑　陈寔残碑　韩敕碑阴

《郭旻》《校官》两碑，豫之偏旁予，直与梁邑币之邑字无别。再征之铜器中从邑诸字，如邦、郾：

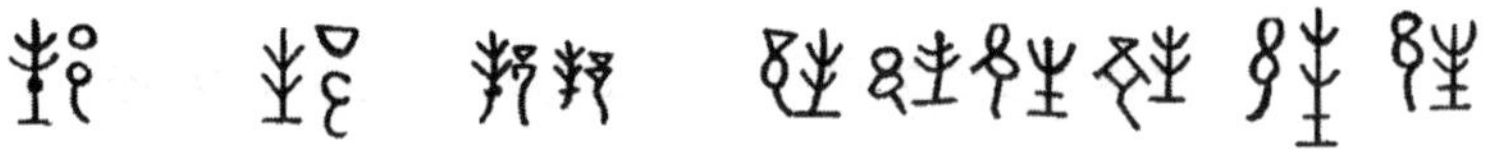

陈侯午敦　封敦　晋公盦　齐造邦刀

郾侯戈　郾王戈　郾王詈戈　古钵文

其偏旁邑均与予形相近。盖予字之得形，即由邑字讹变而成。其得音，与义，则由舒字为之介。《春秋·隐三年》“徐人取舒”，舒，《玉篇》引作郐。《说文》“郐，从邑舍声”，形声至为明显。自后人误郐为舒，于是此偏旁予，遂成一新字，而夺其左旁舍之音义，为其音义。《墨子·耕柱》篇云：“见人之作饼，则还然窃之，曰：‘舍余食。’”舍余食，即予余食，舍当读予。《居道敦》云“君舍余三鐪”；舍作舍，与《三体石经》中予之古文舍同，是其证。颜师古《匡谬正俗》谓予无余音，强为分别，徒增疑谬。

豫为象、邑二字合文，不但予、邑二字字形相同，并与古代地名从邑之例相合。《说文》中从邑之字，如郜、邠、郁、扈、鄷、郑……十九为地名。《禹贡》之徐州，字亦从邑，从彳乃误字。铜器徐作：

沈儿钟　　徐王鼎　徐王义楚耑　徐王耑　斁桐盂　余𤔲鉦　郐口句鑃

其邑旁均在左，故讹为亻。《禹贡》豫州、徐州二地，字均从邑。其命名之义，徐为国名，豫当以产象得名，与秦时之象郡以产象得名者相同。此又为古代河南产象之一证。

二、甲骨文为字从又牵象为殷人服象之证

甲骨文为字作：

《殷虚书契》卷五　同上　《后编》下第10页　同上　同上　同上
第30页

从又（即手形）牵象，罗振玉说：

> 意古者役象以助劳，其事或尚在服牛乘马以前？——《殷虚书契考释》

殷人以牵象为作为，更可证象为其日常服用之物。入周以后，服象之事，虽渐次绝迹于中原，但文字相承，如铜器及石鼓中之为字，仍作牵象之形。

| 匐孟妠鹬女匜 | 叔男父匜 | 鄁□鼎 | 石鼓 |

| 郘钟 | 陈侯因资敦 | 邾公华钟 | |

从爪与从又同意。暨战国时，黄河流域居民，已不见生象。

> 白骨疑象。——《战国策·魏策》
>
> 人希见生象也，而得死象之骨，按其图以想其生也，故诸人之所以意想者，皆谓之象也。——《韩非子·解老》

生象既非其所习见，服象之事当更非其所知。观铜器中时代较后之器，其为字形多讹失：

| 舀鼎 | 召伯敦 | 姑氏敦 | 为觯 |

| 自敦 | 雠伯鼎 | 弘敦 |

周憲鼎　　　归父盘　　　散盘　　　司寇良父壶

邾讨鼎

《邾讨鼎》铭文并将偏旁爪省去，全失作为之意。《说文》至以为为母猴，云："其为禽好爪……𢓊古文为，象两母猴相对形。"时代愈后，则讹谬愈甚。吾人于此，更得一消极之论证，即《吕氏春秋·古乐》篇所载殷人服象之事，及《孟子》卷三所云：

> 周公相武王，诛纣伐奄，三年，讨其君，驱飞廉于
> 海隅而戮之，灭国者五十，驱虎豹犀象而远之，天下
> 大悦。

必为古代相传之信史。《吕氏春秋》与《孟子》并为战国末年之书，其时服象之事，早已轶出黄河流域居民记忆之外，必不能臆造此种传说也。

三、陈民族与象之传说

殷人服象之事，疑亦受他民族之影响。史称陈为舜后，妫姓。妫字从为，显为服象之民族。传说中有象为舜耕之事：

> 舜葬苍梧下，群象常为之耕。——皇甫谧《帝王世纪》
>
> 传书言舜葬苍梧下，象为之耕；禹葬会稽，鸟为之田。盖以圣德所致，天使鸟兽报佑之也，世莫不然。考实之，殆虚言也。……实者，苍梧多象之地，会稽众鸟所居……象自蹢土，鸟自食蘋，土蹶草尽，若耕田状，壤靡泥易，人随种之，世俗则谓为舜、禹田。海陵麋田，若象耕状，何尝帝王葬海陵者邪？——《论衡·书虚篇》

《帝王世纪》似即本于《论衡》。《论衡》之说，其误有二：（一）舜耕历山，不在苍梧。（二）古代服象，象为舜耕，不必即如海陵麋田之状。陆龟蒙《象耕鸟耘辨》云：

> 世谓舜之在下也，田于历山，象为之耕，鸟为之耘。

正谓象为舜耕于历山。《史记·五帝本纪》云：

> 舜，冀州之人也，耕历山，渔雷泽，陶河滨，作什器于寿邱，就时于负夏。

此为极古之传说，又见于《韩非子·难解》《淮南子·原道训》《说苑》之《杂言》《反质》等篇，均言舜耕于历山。《史记集解》引郑玄说："历山在河东，雷夏、兖州泽，今属济阴，负夏卫地。"又引皇甫谧说："济阴，定陶西南陶邱亭是也，寿邱在鲁东门之北。"此诸地皆在黄河流域，而历山在河东，即春秋时之虞地。《尚书·尧典》云："厘降二女于妫汭。"《伪孔传》云："于所居妫水之汭。"而不言其所在。《汉书·律历志》云："帝舜处虞之妫汭。"孔颖达《尚书》疏云："虞与妫汭为一地。……妫水在河东虞乡县历山西，西流至蒲阪县南入于河。"《史记》张守节《正义》云："《括地志》云：'妫州有妫水，源出城中。（《耆旧传》云："即舜厘降二女于妫汭之所。"）外城中有舜井，城北有历山，山上有舜庙，未详。'按妫州亦冀州城是也。"此皆以春秋之虞，擥度虞舜之虞所在。在各说中，如《史记正义》所引《括地志》云，历山、舜井所在多有者：

> 越州余姚有历山、舜井，濮州雷泽县有历山、舜井二所，又有姚墟，云生舜处也；又妫州历山、舜井，皆云舜所耕处，未详也。

则吾人毋宁认历山在河东为可靠。河东产象，在殷商以前，或为事实。瑞典学者阿尔纳（Arne）在其所著《河南石器时代之着色陶器》中，述 1923 年法国教士桑志华及德日进氏所组织之科学探险队，曾游华北及蒙古等地，在宁夏东部黄土中之黏土层，检出旧石器时代之器物多件，其化石有马、犀牛、鬣狗、鸵鸟及数种家畜之骨，在斯加拉阿梭果尔河成层之最下部，又发现旧石器时代遗物多种，此层与黄土中之黏土层相当，器物之形式与宁夏无甚差异，其化石有犀、象，羚羊、卷角羚羊、水鹿、野牛、狼、鬣狗、野豕、骆驼、鸵鸟之属，在油坊头亦获旧石器时代之器物数种，及犀、野牛、鸵鸟之化石。凡此新发见之事实，已明告吾人旧石器时代，中国北部，曾为犀、象长养之地。此种生长中国北部之犀、象，如环境无激烈之变迁，绝不能骤然绝迹。如是，则由旧石器时代绵延至于殷商以前（或虞、夏时），仍生息于黄河流域，实为意中之事。

传说又有舜弟象封于有庳，或作有鼻。庳、鼻，古实一字。象与鼻有显著之联想关系，疑此传说，即由服象之事附会而起。

有鼻之封，事既玄虚，而注家务欲质实其地。顾炎武《日知录》云："舜都蒲阪而封象于道州鼻亭。"自注云：

> 《水经注》："王隐曰：'应阳县本泉陵之北部东五里，有鼻墟，象所封也，山下有象庙。'"《后汉书·东平王苍传》章怀注："有鼻国名，在今永州营道县北。"《袁谭传》注："今犹谓之鼻亭。"

又引阎若璩《释地续》云：

> 《孟子》："欲常常而见之，故源源而来。"兄居蒲阪，弟居零陵，陆阻太行，水绝洞庭，往返万里，亲爱弟者，固如是乎？有庳之封，必近于帝都，而今不可考尔。零陵之传有是名者，《括地志》云"鼻亭神在营道县北六十里"，故老传言舜葬九疑，象来至此，后人之祠，名为鼻亭神，此为得之矣。

凡此云云，适足证明舜弟象之传说，实由服象之事附会而起。《水经注》卷三十八：

> 榛水出桂阳临武县……又西邪阶水注之，水出县东南邪阶山，水有别源曰巢头，重岭袶泷，湍奔相属，祖源双注，合为一川，水侧有鼻天子城，所未闻也。

鼻天子城，郦道元之所未闻，而梁玉绳《古今人表考》卷八，则以为象之封地。《路史》又以钜鹿郡之象城当之：

> 象城汉县，属钜鹿，今赵之临城昭庆镇西北，古象城，舜弟象居。

象城，《汉书·地理志》作象氏。总之，凡地名之以象、鼻等为名者，疑皆象曾经栖息之地。如秦之象郡，《明一统志》思明州（即厦门）东之逐象山，汀州府武平县南之象洞，其尤著者。

舜居妫汭，当亦以服象得名。春秋时陈国于宛丘，在《禹贡》豫州东部，而郑有芳、鄈两地。《左传·隐十一年》，"王取邬、刘、芳、芋之田于郑"；又"襄七年"，"公会晋侯……于鄈"，杜注："鄈，郑地。"郑地正当河东与宛丘之间，此两地似即陈民族由妫汭东南迁中曾经寄顿之遗迹。传说中陈民族立国于东方者，《左传·昭八年》云："舜重之以明德，寘德于遂，遂世守之，及胡公不淫，故周赐之姓，使祀虞帝。"杜注："遂，舜之后，国在济北蛇丘东北。"（见"庄二十三年"注）其地正在齐、鲁之间，此与传说中舜渔雷泽，陶河滨，作什器于寿邱，就时于负夏诸地，合而观之，其渐次东南迁之趋势，尤为显然。

以上由姓氏、地名、传说各方面，推测陈民族与象之关系如此。所可疑者，即春秋以来，史之所载，陈民族绝无服象之遗迹。此或陈迁宛丘以后，地方逼隘，不足以资其蕃息，如《吕氏春秋·古乐》篇所云："商人服象，为虐于东夷。"盖此时象之蕃息，足以为虐于人，象之绝迹于陈，或以此欤？

四、周代象之南迁

周起西方，挟其新兴民族之势力，牧野之役，一战胜殷，立武庚置三监而去，未能抚有东土也。武庚未叛以前，不但据有殷土，即王之虚号，亦未贬损。《尚书·多士》云："惟三月，周公初于新邑洛，用告商王士。"此商王即指武庚而言。盖商之享国，自成汤以来，已六百余年，汤以前之世次可考者，如相土、季、王亥、王恒、上甲、报丁、报丙、报乙、主壬、主癸等（见《观堂集林·殷先王先公考》），皆无年代可纪，其不可考者，尚不知凡几。其民族之历史，悠远如此，而论其末世之政，如何紊乱，绝不能因一战之故，遂亡其国。如春秋时齐之灭纪，宋之灭曹，郑之灭许，楚之县陈、蔡，皆经营累世，而后始有其地。而郑之入许，既使许大夫百里奉许叔以处许东偏，又使公孙获处许西偏，以为之监，其事与武王立武庚、置三监，绝相似。史又称武王追思先圣王，乃褒封神农之后于焦，黄帝之后于祝，帝尧之后于蓟，帝舜之后于陈，大禹之后于杞（见《史记·周本纪》，《乐记》与此大致相同），此自新王之怀柔政策。但诸侯亦当各有其土，以是武王从而封之。焦、祝、蓟、杞入春秋后，皆微甚，其事不彰，陈或较大，武王以元女大姬妻之，厚结之，以分殷人之势，其事载于《左传》《国语》：

昔虞阏父为周陶正，以服事我先王，我先王赖其利
器，与其神明之后也，庸以元女大姬，配胡公而封之陈，
以备三恪，则我周之自出，至于今是赖。——《左传·
襄二十五年》

陈，我大姬之后也。——《周语》

昔武王克商……肃慎氏贡楛矢石砮……以分大姬，
配虞胡公而封诸陈。——《鲁语》

所谓赖其利器与其神明之胄，全为后来掩饰之词。

武庚既灭，殷民族遂分崩离析，一蹶不振。周人更经营洛邑
以迁殷民，封建齐、鲁、卫，以镇抚东方。《竹书纪年》载："成
王八年春正月，王初莅阼，亲政，命鲁侯禽父、齐侯伋迁庶殷于
鲁。"《竹书》之八年，乃成王莅阼亲政改元之年，今文家说，即
以此为成王元年，《汉书·律历志》引《三统历》云："成王元年
正月乙巳朔，此命伯禽俾侯于鲁之岁也。"其事明在武庚既灭，成
王亲政之后，象之南迁，当自此始。

春秋、战国之时，象尚生息于长江流域，其可征者：

巴浦之犀、牦、兕、象，其可尽乎？——《楚语》

楚昭王奔随，使子期执燧象以奔吴师。——《左传·
定四年》

楚之所宝者……又有薮曰云连徒州，金木竹箭之所
生，龟、珠、角、齿、皮革、羽毛，所以备赋，以戒不
虞者也。——《楚语》

巴浦当即汉益州地。《山海经·海内南经》云："巴蛇吞象，三岁

而出其骨。"《中山经》云："岷山，江水出焉……其兽多犀、象，多夒牛。"此皆益州产象之证。楚王奔随，使子期执燧象，此必随地产象，不然仓促之间，何从得此？云连徒州，据韦注即楚之云梦。《诗·泮水》："憬彼淮夷，来献其琛，元龟象齿，大赂南金。"淮夷所献为象齿，其地必产象。《楚语》之齿，当亦为象齿。淮夷与云梦所产，并在江、淮流域。《禹贡》荆、扬之贡，羽旄、齿革。《禹贡》荆、扬之地，最南部分，仍去长江流域不远。

其时黄河流域仍为犀生息之地。《唐书·地理志》载澧、郎、道、邵、黔、锦、施、叙、夷、溪诸州（今鄂、川、湘、黔诸地），皆贡犀角，而岭南道（今两粤）则贡象、犀，日南郡（两粤及越南）则贡象齿、犀角。《宋史·地理志》载衡州（在今湖南）贡犀，宝庆府（在今湖南）贡犀角，而广南路则有犀、象、玳瑁、珠玑之产，其情形正与此同。

章鸿钊先生曾撰《中国北方有史后无犀象考》，载于1926年北京大学研究所《国学门周刊》第二卷第八期。章先生述所以作此文之缘起云：

> 农商部顾问安特生博士（Dr. J. G. Andersson），一日录示《大亚细亚杂志》（*Journal of the North China Branch of the Royal Asiatic Society* 1877. P. 20）所载，《中国北方古产犀象说》云："西元前六百年，中国河南实产犀、象。《左传·宣公二年》称其物尚多，皮可为甲，且用之者非利其皮，乃假其威也（见"僖十三年"）。时楚国（今湖广）亦甚产象齿、犀皮，晋居黄河以北，乃由他处得之。《禹贡》称扬州、荆州（江北、湖广）贡象齿及犀，梁州黄狐皮及熊，《孟子》称周公驱虎豹犀象，是当在鲁（今山东），然则西历纪元以

前数百年之间，中国北方，固尚有犀、象也。"安氏以此
质予所见，乃书此答之。

章先生谓："《左传·宣二年》（公元前607）宋城城者讴'弃甲而
复'，华元使其骖乘谓之曰：'牛则有皮，犀兕尚多，弃甲则那？'
案此当从杜注，言时尚多犀兕皮，可为甲，非谓宋产犀兕也。"章
先生欲建立其中国北方有史后无犀象说，故曲解《左传》之犀兕
为犀兕皮；其实古代黄河流域产犀，尚有其他证据：

> 发彼小豝，殪此大兕。——《诗·吉日》
> 匪兕匪虎，率彼旷野。——《诗·何草不黄》
> 陆行不遇兕虎。——《老子》
> 两虎不斗于伏兕之旁。——《淮南子》
> 故记曰："杀随兕者不出三月。"——《吕氏春秋》
> 昔我先君唐叔，射兕于徒林，殪以为大甲，以封于
> 晋。——《晋语》
> 嶓冢之山，其兽多兕。——《说文》

《说文》："兕如野牛，青色，皮坚厚，可以为铠。"《本草》陈藏
器曰："兕是犀之雌者。"并称曰犀兕，单称曰兕，仍是一物。通
观上列诸证之兕，绝不能释为兕皮，《老子》《淮南》作者在淮水
流域，《吕氏春秋》之随兕在汉水流域，均可认为黄河流域以南之
事。《晋语》及《说文》所载则为黄河流域北部之事。《诗》之
《吉日》《何草不黄》为西周镐京之诗，正在黄河流域，由此可见
古代北方产兕区域之广。

　　《说文》："犀徼外牛……从牛尾声。"案犀从尾声，兼从其义。

殷人服象及象之南迁

077

许氏说："尾，微也，从倒毛在尸后，古人或饰系尾，西南夷皆然。"从倒毛在尸后，语殊难解。铜器犀作：

犀伯鼎

其尾形所从之尸正作人形。古尸与人互通。屖古文作佹，犀铜器作倖：

竞卣　　伯頵父鼎　　犀尊　　郗公盂　　王孙钟

《说文》："尸，陈也，象卧之形。"亦谓人卧。尾从人，则人下所从之氽，即象人所饰系尾之形。甲骨文马、豕、象诸字，其尾形分张，正与此形相似。《说文》谓为毛字倒文者误。《后汉书·西南夷传》："衣服制裁，皆有尾形。"尾所以从人者，盖人饰系尾，则尾意显然。疑古代系尾之人，必与犀共同生存于同一地域，故犀即从尾得声，得义。

上述古代犀既生存于黄河流域，则此西南夷，或即黄河流域之民族，而役属于殷人者？

五、秦象郡之位置

秦、汉以来，中原民族渐次向南开拓，象于是益有南迁之势。《史记·秦始皇本纪》云：

> 三十三年发诸尝逋亡人、赘婿、贾人，略取陆梁地，
> 为桂林、象郡、南海，以适遣戍。

象郡即以产象得名。韦昭云："今日南。"（汉日南即今越南）《晋书·地理志》谓："日南郡秦置。象郡，汉武帝改名焉，卢容（县名）象郡所居。"说较详而其误与韦昭同。秦、汉时之象郡，不得远至越南。《淮南子·泰族训》云："赵政……留戍五岭以备越，筑修城（即长城）以备胡。"其《人间训》更详述此留戍五岭之军：

> 秦皇……又利越之犀角、象齿、翡翠、珠玑，仍使
> 尉屠睢发卒五十万，为五军：一军塞镡成之岭，一军守
> 九嶷之塞，一军处番禺之都，一军守南野之界，一军结
> 余干之水，三年不解甲弛弩。

高诱注："镡成在武陵西，南接郁林，九嶷在零陵，番禺在南海，南野在豫章，余干在豫章。"南海以南之日南，实非秦皇兵力所及，日本佐伯义明先生有《考秦象郡之位置》一文，载于1928年之《史学杂志》。其论象郡之位置云：

向以为汉以后之日南，此则欲以今广西省宾阳县为中心，而比拟其地域。(见《史林》第 14 卷第 4 号《昨年之史学考古学地理学界》及《北海图书馆月刊》第 2 卷第 6 号《去年度之东瀛史界》)

此说亦未确。考秦、汉时之象郡，其地尚在宾阳县之北。《汉书·昭帝纪》："元凤五年秋，罢象郡，分属郁林、牂牁。"《通鉴地理通释》云："按武帝初置无象郡，《昭纪》元凤五年罢象郡，而史不书建置之始，盖阙文也。考象郡之建置，当在武帝初平南粤之时，《史记·南越尉佗列传》云：'南越已平，遂以其地为九郡。'《汉书·两粤传》举此九郡之名云'儋耳、珠崖、南海、苍梧、郁林、合浦、交趾、九真、日南'，亦无象郡之名，盖象郡建置，为时甚暂，故班氏于武帝建置之初，不列其名，即以元凤五年以后改置之九郡当之。"《史记·南越传》又云："立佗为南越王……与长沙接境。"《汉书·两粤传》亦云："高皇帝所以介长沙地，朕不得擅变焉。"汉与南粤以长沙为界，而班氏所举之九郡，则无与长沙接境者。故知此九郡，已非汉武建置之旧，观汉昭罢象郡分属郁林、牂牁，则象郡之地，必与郁林、牂牁为近。《山海经·海内东经》云："沅水出象郡镡城西。"镡城《汉书·地理志》作镡成，属武陵郡。《晋书·地理志》同。郝懿行《山海经》疏云："此经言象郡镡城，则知秦时镡城属象郡矣。"《海内东经》又云："郁水出象郡而西南注南海。"郝氏疏云："案即豚水也。《地理志》云：'牂牁郡夜郎豚水东至广郁入郁。'"考象郡为南粤故地，不得远至牂牁夜郎，疑象郡之郁水，即镡成之潭水。《汉书·地理志》"镡成县"下注云："玉山潭水所出，东至阿林入郁，过郡二，行七百二十里，(南入海)。"由此可知秦、汉时之象郡，必在长沙以南，牂牁以东，郁林以北，其地在今湖南之西南。《论衡·书虚篇》云：“苍梧多象之地。”苍梧在零陵之南，去武陵不远。东汉时之象，既生息于湘、桂之间，东汉以前之象，何至遽迁日南？《水经·浪水篇》：“浪水出镡城县北界沅水谷。”注云：“《山海经》曰‘祷过之山，浪水出焉，而南流注于海’是也，下入郁林潭中。”浪水，钱坫、吴卓信并云即镡成之康谷水。是祷过之山，亦当在镡城。《山海经·南山经》云：“祷过之山……其下多犀、兕，多象。”是其地产象之证。

六、南迁后中国之象

5世纪至10世纪之间，象仍生息于荆南、闽、粤各地。群书所载如：

> 伊水口（今广东曲江）有洲，洲广十里，平林蔚然，有野象群生。——王韶之《始兴记》
>
> 广之属郡潮、循州多野象，潮、循人或捕得象，争食其鼻，云肥脆，尤堪作炙。……楚、越之间象皆青黑，惟西方拂林、大食国即多白象，余有亲旧曾奉使云南，见彼中豪族，各家养象，负重致远，若中夏之畜牛马也。——刘恂《岭表录异》（以上见《太平御览》引）
>
> 广之属城循州、雷州皆产黑象，牙小而红，土人捕之，争食其鼻，云肥脆，堪为炙。——段公路《北户录》
>
> 今荆地象，色黑，两牙，江猪也。——段成式《酉阳杂俎》

081

漳州漳浦县地连潮阳，素多象，往往十数为群，然不为害。惟独象，遇之逐人，踩践至骨肉糜碎乃去。盖独象乃众象中最犷悍者，不为群象所容，故遇之则踩而害人。——彭乘《墨客挥犀》

昌龄（知广州）淳化二年代还……为枢密直学士。昌龄上言：“雷、化、新、白、惠、恩等州，山林有群象，民能取其牙，官禁不得卖，自今宜令送官，以半价偿之，有敢隐匿及私市人者，论如法。”诏皆从之。——《宋史·李昌龄传》

乾道七年，潮州野象数百，食稼；农设窐田间，象不得食，率其群围行道车马，敛谷食之，乃去。——《宋史·五行志》

野象多至数百（《宋史·五行志》），可见其繁殖之盛。云南服象，或即西南夷旧俗。

此时之象，虽生息于荆南、闽、粤诸地，但仍不时出现于江、淮流域，踯躅于其祖先之故居：

宋顺帝升明元年（477年）象三头渡蔡州，暴稻谷及园野。——《宋书·五行志》

攸之为镇西将军、荆州刺史……时有象三头至江陵城北数里，攸之自出格杀之。——《南史·沈攸之传》

永明十一年（493年），白象九头见武昌。——《南齐书·祥瑞志》

天平四年（537年）八月，有巨象至于南兖州，砀郡民陈天爱以告，送京师，大赦改元。——《魏书·灵征志》

（《孝静纪》：元象元年（538 年）春正月，有巨象自至砀郡陂，南兖州获送于邺，丁卯大赦改元；当系一事，而所传略异）

承圣元年（552 年），吴郡、淮南有野象百，坏人室庐。——《南史·梁元纪》

建隆三年（962 年），有象至黄陂县，匿林中，食民苗稼，又至安、复、襄、唐州践民田，遣使捕之；明年十二月，于南阳县获之，献其齿革。——《宋史·五行志》

乾德二年（964 年）春正月，有象入南阳，虞人杀之，以齿革来献。——《宋史·太祖本纪》

乾德二年五月，有象至澧阳、安乡等县；又有象涉江入华容县，直过阛阓门；又有象至澧州澧阳县城北。——《宋史·五行志》

此自象南迁中应有之过程。

象绝迹于中国（指自然生存之象言），似为最近二百年来之事。清初永历帝、吴三桂均有象军。中央研究院历史语言研究所清理明、清内阁大库档案，有顺治十二年李栖凤揭帖云：

旧年征剿西逆（案即指永历帝言），阵获象只。

刘献廷《广阳杂记》亦云：

吴三桂之来湖南有象军焉，有四十五只，曾一用之，故长沙人多曾见之。

永历帝及吴三桂相继用象军，象自为其所在地黔、滇、桂、粤之产，李栖凤揭帖又云：

> 随查前后塘报，一在新会城获象十三只，实存十一只；又在广西横州获象二只；又据巡海道副使徐炟呈报，外海被风打来香山澳彝人解到小象一只，前后共大小象十四只。

此清初桂、粤产象之明征。自后海禁大开，广州、香港、澳门为南方委输之总汇，生齿日繁，土地益辟，野生之象，即幸而不为人所捕杀，亦无以资其生存。于是此三千年来由北而南辗转迁徙之象，除我云南省西双版纳地区尚有遗存外，就中国全域说实已趋于绝灭。

（原载《国立中央研究院历史语言研究所集刊》第二本第一分，1930 年 5 月）

再论小屯与仰韶

民国十八年十一月李济之先生从安阳来平，携着他的殷虚第三次发掘所得的重要物品。他很高兴，虽然这次发掘中间发生种种阻梗不能如我们的预期的计划进行，但所得的物品，在数量上及意义上，竟超过前两次的发掘。当李先生开始清检这重要的发见，我得最先的一件一件的见着，李先生并且特意指出这次从殷虚层所得的着色陶片，他说："据小屯有经验的工人说，挖掘三十年来，从未遇着这样的陶片。"

民国十二年及十四年安特生（Andersson）继续发表他的彩陶文化的研究，《中华远古之文化》和《甘肃考古记》等，他从种种方面推断仰韶的文化遗址，远在安阳（即小屯）以前。关于这一点现在李先生又为他增加一个更有力的证明。

现在我们进一步要问：仰韶文化究竟前于小屯若干年？这两遗址的关系如何？

在仰韶遗物中，据现在所得的还没有文字发现过，在研究上似缺乏精确的论证。而小屯所得的仅有的一块陶片，除表示仰韶文化确实存在小屯以前外，据现在东方已有的古物学的知识，我们还不能由此种发现更得若何消息。安氏文中虽常常称述阿恩

（Anne）博士的意见，他说阿氏曾据苏萨（Susa）、安诺（Anau）第一纪及第二纪的彩色陶片，计算仰韶时代约在公元前三千年。此种推断可信的程度也很薄弱，纵使苏萨、安诺与仰韶有若何显著的关联，我们只看有记载以来的交通，从小亚细亚传播到黄河流域，也需要相当的时日，何况这两方的关系，我们还无从明了呢！

依时代的进展，我们对古物学的知识也跟着增加了一点。对于安氏的原文也有重新估价的需要。

安氏以为小屯与仰韶为一脉相承的文化，这实在是一个很可研究的问题。虽然安氏也曾精心的检查仰韶遗址中有东方式的陶鬲、陶鼎、粟鬶、豕骨等，好像仰韶人完全是过着东方式的生活。此外安氏又从仰韶发现的谷粒、陶轮，版筑的遗迹，以及器物上的布纹，推测仰韶人已有很高的农业，而且是土著的民族。这些证据似乎还不够，还有仰韶与甘肃各地的人类遗骸经步达生博士测验过，也与现代北中国的人种没有什么分别。这诚然是带有丰厚的东方文化的色彩。不过我想（也许是一点偏见）这样的文化遗迹，关于中国文化的特殊点，如束发的笄、跪起的习惯，以及商周以来沿用的器物花纹，一点也寻不出。这就能代表中华远古之文化吗？

春秋以前中国文化分布的区域只不过以齐鲁为中心，而延及宋、卫、晋、郑、二周而已。那时还有许多异文化的民族，杂居中国境内，这些民族在南方的，他们的文化无可称述，而东西北三陲，大致都支配在一种大相仿佛的异文化之下，这就是中国史上汉、胡文化的分限。这里须得声明，不用华夷而用汉胡二字，因为汉胡两个名词，形成于汉以后，有较明晰的概念。以后为便于说明起见，我们不妨称中国正统文化为汉化，异文化为胡化。

汉胡文化的区分，在中国史上不必系于种族的差异。其差异的所在只系于风俗、习惯、语言、文字的不同。匈奴、鲜卑、氐、羌的体质，其自相差异及与汉族的分别，现在仍是不曾解决的问题。而且有些西方民族，并与汉人形貌相似，《魏书·西域传》"于阗国"条说：

> 自高昌以西诸国人等皆深目高鼻，惟此一国，貌不甚胡，颇类华夏。

可见形体并不是分别文化的标准，而可以为分别的标准的，只是饮食、衣服、语言、文字、冠带、束发、婚媾、伦常种种琐细的节文。小屯有甲骨文字，有骨制的笄，有席地的象形字，这都是汉化的特征。而仰韶就绝不见这一类的遗物。在李先生《小屯与仰韶》的文中最后的"后注一"说：

> 这文付印后，得到瑞典《远东古物馆杂志》第一期，中载安待生一文，题名为 *Der weg über die steppen*（Bulletin No. 1, Ostasialiska Samlingarna），文中认内蒙一带西至甘新之铜器遗物，颇有自别之处，可以自成一区，与西伯利亚出现之斯西安（Scythian）遗物相像处甚多。又因沙井期之带彩陶器，曾与此类铜器同时出现，照此类铜器在斯西安出现的年代计算，安氏将甘肃沙井期推晚一千余年，重订为公元前六百年至一百年。但河南仰韶文化应该如何改订，安氏尚无确定意见发表。想他在他正预备发表的 *China before history* 定要告诉我们的。

安氏这个修正的意见极为重要。在甘新与彩色陶器同出土的铜器，

087

既与斯西安（Scythian）遗物相像处甚多，则仰韶彩陶文化必与斯西安为近。阙于斯西安文化现在已判明的为介于中国与希腊间的一种胡化。仰韶遗址应是这种胡化的前驱，其分布区域满洲貔子窝、沙锅屯、山西全境、河南西部西迄甘新一带。这也是中国史上春秋以前胡人分布之地。

上面的推测如果不错，那么小屯与仰韶两遗址的文化，必各有其源流。

现在从许多传说较可靠的方面推测，仰韶似为虞夏民族遗址。虽然在中国旧籍中向来就认虞、夏、商、周为一脉相承的正统文化，对于上面的推论自然要惊异起来。但是我们不妨屏除这些成见，平心静气地根据一点新的、确实的事实来讨论一下。

一、就鸟兽纹饰的作风论两遗址的文化

仰韶与小屯为两种不同的各自发展的文化，这在李先生文中已略引端绪，现在我们更可利用这两地遗物上的纹饰或文字为证，进而指出这遗址文化差异之点。

甲骨文凡关于禽兽的象形字，多作侧视形，只能显其一面，因此四足的兽，只画其两足：

马　

鹿　

麇

犬

虎

豕

兔

象

两足的鸟只画其一足：

隹

这在铜器里也是一样，其兽形作：

| 卄尊 | 父己卣 | 且辛鼎 | 父乙爵 | 父丁斝 |

| 父戊卣 | | 父辛鼎 | 爵文 | 子觯 | 父壬爵 |

| 己觚 | 爵文 | 爵文 | 且甲鼎 |

鸟形作：

| 父癸爵 | 爵文 | 父癸鼎 | 父乙鬲 | 父癸尊 |

再论小屯与仰韶

| 父甲卣 | 且甲鼎 | 父己觯 | 爵文 |

| 矢伯卣 | 亚父丁盉 | 父癸爵 | 父辛觯 | 趠罍 |

这种作风在殷、周两代极为普遍。所有那时关于鸟兽的绘画或象形字，差不多可以说一致的都作这一种样式。李先生这次所得骨板中有两板绘兽形隹形，其足形尤为清晰：

铜器有狩猎图或鸟兽图的饰纹者，其鸟兽形大概都是作两足或一足。惟《西清古鉴》卷二十九之百兽豆器盖各有一兽作四足形，鸟足则作两足为多，这在殷、周遗器中似为例外。在几万片甲骨上，也曾发见了四足或三足的豕：

《殷虚书契后编》上 19 页　　　《铁云藏龟》142 页

在几千铜器款识上，也曾发见了两足的鸟：

父癸爵

这在殷、周文字的系统上，不能不算作例外。

《说文》中凡马、鹿、羊、豕、象、龟诸字，都解说为象四足形，且举马字为例：

马怒也，武也，象马头髦尾四足之形。

这些字在小篆里也的确是象四足形。《汉书·万石传》也明明说"书马字与尾当五"，马本有四足，再加一尾为五，这岂不是很恰当的解释吗？《说文》这一类的错误，全是根据当时讹变的字体而来。"书马字与尾当五"，正当的解释是尾三足二。甲骨文及铜器中画兽尾多作↑形，象尾毛分张之形，我们看铜器狩猎图上所画的兽形，就更加明白了。至鹿、龟讹为四足，又与上面所说的不同。甲骨文鹿足作比，铜器从龟字之龟足作比乃象足旁悬蹄，或爪形，形与四足相似，所以小篆就因以致误。羊字甲骨文作

《殷虚书契》卷四第 49 页

第 30 页 　　 第 40 页 　　 《龟甲兽骨文字》卷二第 13 页

《殷虚书契》卷一第 12 页 　　 《后编》上 23 页 　　 21 页

第 17 页 　　 第 50 页 　　 《铁云藏龟》第 197 页 　　 《后编》下 16 页

诸形，乃象其头角形。我们看有些字在角下加画两目形，象头角形的意义更为明显。铜器羊有作

兟羊敦 　　 丁兟羊鼎 　　 鼎文 　　 羊卣 　　 甚諆鼎

形者，更可证明此说的不误。牛字象形本与羊同。角内环〇为牛，角外环⋂为羊。《说文》："牛，事也，理也，象角、头、三封尾之形也。"依羊字例，也只是象头角形。

　　总之，商代象形字画兽的绝不作四足形（除前举之两豕字外）。文字上作四足形的，只有鼋、鼍、龟、鼀等爬虫类或小虫是如此。但是商人总不大高兴画四足的动物，例如龟字他们一方面画作四足形：

《殷虚书契后编》上 19 页

而一方面又省略为两足或一足的侧视形：

《殷虚书契》卷四第 54 页   第 55 页

《殷虚书契》卷四第 54 页

卷八第 8 页   《铁云藏龟》之余 17 页   《殷虚书契后编》上 19 页

卷六第 50 页   第 65 页   卷七第 2 页

　　根据上面的例证，我们可以得到一个结论：殷、周时代关于动物足形的图绘或象形字，多作侧视形。两足的鸟，则作一足；四足的兽，则作两足。

　　这实是殷周两代特殊的作风。在仰韶期遗物中关于此类天然的纹饰，甚为缺乏。现在我们且取与仰韶文化最近的甘肃辛店四时定及镇番县出土陶绘的鸟兽纹以为比较。

　　a. 辛店甲址葬地之陶瓮，有犬羊的兽纹各二，见《甘肃考古记》第三版第二图。

　　b. 辛店期彩色陶瓮上的花纹，见同书论文中第五图。兽纹出辛店，鸟纹出四时定。

　　c. 镇番县沙井南葬地出土鸟纹无足，见同书第三版第二图。在这些遗物上的纹饰，鸟作两足（或将足省去），兽作四足，与小屯的作风有很显明的界限。即安氏文中常将仰韶文化与西方安诺、苏萨、的里波留并论，在这些地方以至巴比伦、埃及所有的鸟兽足的花纹，也没有像小屯这样一致。

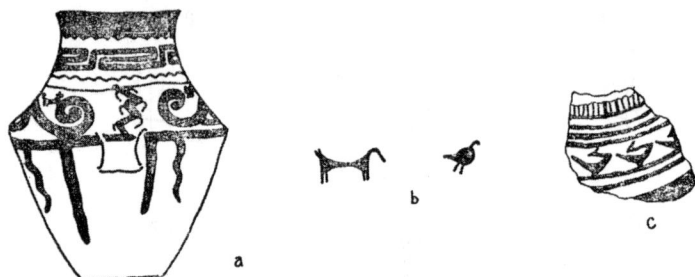

此外关于回纹雷文的比较，《甘肃考古记》中曾绘有一图（第五图，见英文第 16 页，译文第 12 页），从这图中也只见仰韶的回纹（即上图辛店甲址葬地陶瓮上的回纹）与雅典滴比龙式相同，而与商周铜器上的雷纹及连续回纹不同。此种简单纹饰的不同，实为两种文化的特点的表现。

于此我们须得附加说明安氏曾郑重指出仰韶具有东方式的器物及食猪的习惯，但这些事实我们不能就认为是小屯文化的前驱。李济之氏说小屯所得牛骨较多于猪骨，这已与仰韶不同；且仰韶遗物大部仍属于西方式，其具有东方式的三足的鬲与鼎，则有由东向西传播的趋势，这不过在其固有文化中，输入一点东方的物事而已。近来蒙古小库伦也曾发现过土鬲，我们并不能因此断定蒙古也属汉化范围。而且器物形制的仿效，要比器物纹饰容易得多，隋唐以来中国制的玻璃器也具有西方的样式，而附加的花纹则中国化了；日本制的镜子，也具有中国的样式，而附加的纽扣花纹则日本化了。我们正见因这两遗迹的纹饰作风的不同，断定这两遗址为两种不同的各自发展的文化。

二、仰韶为夏民族曾经居住之地

《中华远古之文化》曾论及河南仰韶村的所在，录之如下：

> 仰韶村在陇海铁路渑池县车站北十五里。渑池县位于一小河流域之北，河两岸平坦，作东西行。地势由县城向北渐高，略似高原，北至二十里许，始遇山岭……仰韶村即位于山南之高原。

此文化遗址，在历史方面有许多记载，都足以证明为夏代都邑。

（一）夏后皋之墓在殽之南陵即仰韶附近

《左传·僖三十二年》载蹇叔哭师之辞说：

> 殽有二陵焉，其南陵夏后皋之墓也，其北陵文王之所避风雨也。

夏后皋墓在殽，其居地必在殽的邻近。杜预注，殽在弘农渑池县西；《后汉书·郡国志》说，渑池有二崤山；《清一统志》说，渑池故城在今县城西，而不注明道里。由此等记载辗转探求，殽与仰韶必相去甚近，仰韶文化既断在小屯以前，使左氏之言可信，则仰韶必为夏代遗址无疑。

（二）夏代都邑地近伊洛

《逸周书·度邑》（《史记·周本纪》同）：

自洛汭延于伊汭，居易毋固，其有夏之居。

《国语·周语》：

> 昔伊洛竭而夏亡。

韦昭注：

> 禹都阳城，伊洛所近。

金锷《求古录·礼说》卷四《禹都考》、卷八《桀都安邑辨》因此谓禹、桀所都即在洛阳。《战国策·魏策》记夏桀所居：

> 夫夏桀之国，左天门之阴而右天溪之阳，庐睪在其北，伊洛出其南。

四界所至，更加详确。《史记·吴起传》用汉代地名释之：

> 夏桀之居，左河济，右大华，伊阙在其南，羊肠在其北。

此以伊洛为中心的形胜之地，正是仰韶所在之处。

（三）崇地所在

传说中崇为夏之封地，《左传》称鲧曰有崇伯鲧。《史记·周本纪》正义"崇侯虎"下注说：

> 皇甫谧曰夏鲧封。虞、夏、商、周皆有崇国，盖在
> 丰镐之间。《诗》云"既伐于崇，作邑于丰"，是国之
> 地也。

历来注家迄不能确指崇地所在，皇甫谧也只说在丰镐之间。文王伐崇作丰，为后来东侵的根据，其地必在丰以东。《左传》载秦灭崇，晋侵崇，其地又必在秦晋间。疑即汉弘农郡今嵩县附近地。古嵩、崇本是一字，《国语·周语》：

> 昔夏之兴也，融降于崇山。

韦注崇山即崇高山（汉以后作嵩高）。山当由崇国得名。《汉书·武帝纪》说：

> 朕至中岳见夏后启母石。

中岳有夏后的传说，由此亦可见夏人曾居嵩与嵩高之间。

（四）有莘所在

《左传》莘地有二。城濮之战晋人登有莘之虚，其地在今山东曹县。"庄三十二年"："有神降于莘。"顾栋高《春秋大事表》说：

> 陕州硖石镇西十五里，古原为虢之莘地，庄三十二
> 年"有神降于莘"即此。

《史记·周本纪》载闳夭之徒求有莘氏美女，《正义》说：

《世本》云莘国姒姓，夏禹之后，即散宜生等求有莘美女献纣者。

莘为夏后，又在周之附近，当即虢之莘地。《史记正义》又引《括地志》说：

古莘国在同州河西县南二十里。

地亦与陕州仰韶诸地近，故同有夏人遗址的传说。

（五）杞鄫东迁

夏之后有杞鄫（或作缯），《国语·周语》说：

有夏虽衰，杞鄫犹在。

《左传·僖三十一年》：

卫成公梦康叔曰："相夺予享。"公命祀相。宁武子不可曰："鬼神非其族类，不歆其祀，杞鄫何事？"

这两国的故地，皆当在河南。《史记·夏本纪》正义说：

《括地志》云：汴州雍丘县古杞国也，武王封禹后号东楼公也。

雍丘即今河南杞县地。此或周初由伊洛东迁地。鄫地所在，向来注家都以春秋时山东峄县地当之。《国语·晋语》说：

申人鄫人召西戎以伐周。

《史记·周本纪》也载此事说：

申侯怒与缯西夷犬戎攻幽王。

《正义》引《括地志》说：

缯县在沂州承县，古侯国。

承在今峄县东。《正义》此说，其误甚明。申缯同攻幽王，其地必与中国镐邑相近。《左传·哀四年》载：

楚人既克夷虎，乃谋北方……致方城之外于缯关。

此缯在楚北方方城之外，与申地毗连，当即缯国故地所在，杞、鄫同为夏后，又同由西东迁，因此推测夏人曾居仰韶，亦为可能的事。

三、仰韶遗物与夏代传说

《左传·襄四年》载夏代的遗事说：

昔有夏之方衰也，后羿自钼迁于穷石，因夏民代以夏政。恃其射也，不修民事而淫于原兽，弃武罗、伯囷、熊髡、尨圉而用寒浞……浞行媚于内而施赂于外，愚弄其民而虞羿于田，树之诈慝，以取其国家，外内咸服。羿犹不悛，将归自田，家众杀而亨之，以食其子，其子不忍食诸，死于穷门。靡奔有鬲氏。浞因羿室，生浇及豷，恃其谗慝诈伪而不德于民，使浇用师灭斟灌及斟寻氏。处浇于过，处豷于戈。靡自有鬲氏，收二国之烬，以灭浞而立少康。少康灭浇于过，后杼灭豷于戈，有穷由是遂亡。

又"哀元年"：

> 昔有过浇杀斟灌以伐斟寻，灭夏后相。后缗方娠，逃出自窦，归于有仍，生少康焉，为仍牧正，惎浇能戒之。浇使椒求之，逃奔有虞，为之庖正，以除其害，虞思于是妻之以二姚而邑诸纶，有田一成，有众一旅，能布其德而兆其谋，以收夏众，抚其官职，使女艾谍浇，使季杼诱豷，遂灭过戈，复禹之绩，祀夏配天，不失旧物。

这个传说中夏代的地名，过戈与有鬲也可以从仰韶遗物中寻出一点根据来。

仰韶所出三足鬲形土器，安特生定名为鬲，其实这仰韶的鬲与常见的殷周以来的铜鬲土鬲也有不同的地方。仰韶的鬲形土器，口边都带有一耳（间有两耳的出甘肃狄道县寺洼山），应名为鬶，即今锅字（参看王念孙《广雅疏证》）。鬶、鬲均象形字，口边有耳的为鬶，无耳的为鬲。铜器中有鬶攸从鼎、鬶从簋，鬶字右旁均有耳形，散盘鬲上有两耳，并是鬺字：

| 鬺从鼎 | 鬺从簋 | 散盘 |

王静安先生《散盘释文》说：

> 许君谓秦名土釜曰鬲，而鬺从簋、鬺从鼎、散氏盘皆
> 关中器（其字又见于《麦盉铭》，中有井侯字，亦当出关中），是秦语
> 亦本其地古器，盖惟关中有是语有是字矣。

关中所用土釜称鬺，当是沿用仰韶旧称。《甘肃考古记》载甘肃鬲
器即鬺的发见说：

> 于齐家、仰韶、马厂三早期中，鬲之踪迹，竟无所
> 见，同时鼎器亦极稀少，或竟不遇。盖著者查甘肃旅行
> 之手簿中，仅载仰韶遗址之陶鬲残足一件耳。惟至甘肃
> 远古文化之第四期，鬲之发见，则渐丰富，而第五第六
> 二期，则特式之鬲极为寻常矣。

安氏因此断定鬲器有从山西、河南交界处，向西北传播的趋势，
他说：

> 是则鬲器自山西、河南交界处之发源地，向西北缓
> 缓传播而流入甘肃之中部，盖实可信之事也。

安氏认此为可信的事，因此当这传播必经的途上的关中，具有仰韶式的鬲器，也自然是可信的事。

据此事实我们可以推定关中地名鬲的来源（铜器中的鬲都是地名），必与使用鬲的民族有不能分离的事实存在。此例我们也可试用以说明古代民族的名称，如"胡"必为使用壶的民族的名称，"曾"必为使用甑的民族的名称，这如同"支那"（China）为使用瓷器民族的名称一样。

《左传》有鬲氏的鬲，《经典释文》音革，"鬲音革"最好的说明自然要引用偏旁从鬲的隔，杜注"有鬲氏今平原鬲县"、《汉书·地理志》平原郡鬲下注"平当以为鬲津"；《尔雅·释水》鬲津孙注："《说文》水多厄狭，可隔以为津。"这大概就是陆德明音革的所本。但从文字的谐声方面讲，隔音革为见母字，鬲音历为来母字，见来两母相去甚远，隔之音革，当是从鬲得声字，从鬲乃是笔误，依此说夏代有鬲氏的所在，我们且不必论，有鬲氏的得名必与仰韶式鬲器有关，则可由推想而知。

还有过、戈的得名，仍可用上面的理由解释。鬲、过、戈古同是见母字，故得相通。且过所从偏旁呙，又是鬲字形体的讹变，《说文》骊、娲等字，籀文仍从鬲作骊、嫘，可证呙、鬲原是一字。又《史记·滑稽列传》有"炙毂过"的话，《集解》说：

> 《别录》曰："过字作輠。"輠者车之盛膏器也，炙之
> 虽尽，犹有余流。

过为车上盛膏之器，当因可系车上，有耳如鬲然。是过字即鬲字别体，从声音与形制两方面说，都可以成立的。

夏代传说中的有鬲、戈与过三国的名称，就字原讲当是一名

的分化。如果前述仰韶为夏民族遗址的推断不错，则这嚭的地名的西迁，由河南到关中，与嚭器的传播，正向着同一方向进行。安氏《甘肃考古记》也曾称引高本汉（Karlgren）的意见，据高氏说：

> 甘肃长方式石镰之存在，家豕之蓄养，及葬埋之习惯等事，此种文化上之迁移，实由河南而至甘肃。

这些遗物与传说的符合，当非偶然的事。

传说方面夏代已有陶业。昆吾与夏古多并称，《商颂》"韦顾既伐，昆吾夏桀"；《淮南·俶真训》"栖迟至于昆吾夏后之世"；《郑语》"昆吾为夏伯矣"；《左传·昭十八年》杜注"昆吾……以乙卯日与桀同诛"；从这些记载上看，昆吾与夏关系既如此密切，其文化当无大殊。又《郑语》"己姓昆吾"，《左传·哀十七年》昆吾之虚有戎州己氏，己与夏后之杞亦似同出一源。《吕氏春秋·君守》篇说"昆吾作陶"；《世本》及《史记·龟策传》都说夏桀作瓦屋；这也可证昆吾与夏并有陶业。《说文》"壶，昆吾圜器也"；壶即昆吾二字合音。今仰韶遗器中陶器极为丰富，而圜器之壶在这些陶器中亦属不少，这也足以与仰韶遗物相印证。《吕氏春秋·君守》篇又说"夏鲧作城"，此在传说中有两种不同的解释。《吕氏春秋·行论》：

> 尧以天下让舜，鲧为诸侯，怒于尧曰："得天之道者为帝，得地之道者为三公，今我得地之道，而不以我为三公。"以尧为失论，欲得三公，怒甚（其字之误，《论衡》作其可证）猛兽，欲以为乱，比兽之角，能以为城，举其尾，

能以为旌。

《论衡·率性篇》也转述这一段记载说：

> 尧以天下让舜，鲧为诸侯欲得三公而尧不听，怒其猛兽，欲以为乱，比兽之角，可以为城，举尾以为旌。

这两说都以比兽角为城，似乎是游牧民族的把戏，这是一种解释。又《世本》说："鲧作城郭。"《淮南子·原道训》说：

> 昔者夏鲧作三仞之城，诸侯背之，海外有狡心。

《吴越春秋》说：

> 鲧筑城以卫君，造郭以守民，此城郭之始也。

这三说以城郭、三仞之城、筑城造郭，说明夏鲧之城，似即土著之始，这又是一种解释。前者大概是从游牧生活中演出的传说，后者大概是从城郭生活中演出的传说。或者夏就是城郭而兼游牧的国家，这与安特生先生证明仰韶人已经过着土著的生活，也有互相印证的地方。

四、由传说推论夏代文化

杞、鄫、越与匈奴，据传说都是夏代之后，其文化全与中国不同。《左传·襄三十年》：

> 杞，夏余也，而即东夷。

又"僖十年"：

> 邾文公用鄫子于次睢之社，欲以属东夷。

是春秋时的杞、鄫都在东夷范围之内。东夷文化与中国文化差异之点，因为史料的缺乏，我们现在还不能有明白的认识。但这两者之间，确有分别。《左传·定十年》有"裔不谋夏，夷不乱华"的话，可见这时华夷界限极严。传世青铜器还没有发现夏代遗物，群书所载夏器无一可信。现存杞、曾彝器大概都属于春秋或春秋后期之物，春秋以前也不见有此类铜器发见。大约夏代没有铜器，杞、曾之有铜器，自是后来受了周人同化的结果。

越与匈奴为异文化的民族，历史上较有明白的记载。《史记·越王句践世家》说：

> 越王句践其先禹之苗裔，而夏后帝少康之庶子也。
> 封于会稽以奉守禹之祀，断发文身，披草莱而邑焉。

断发文身之俗，原非中国所有。同书《吴太伯世家》说：

> 太伯、仲雍二人，乃奔荆蛮，文身断发，示不可用。

这颇与后来削发为僧同一用意。在封建社会里最重因袭，因为文身断发就可以"示不可用"，可见文身断发是一种异俗。关于文身断发的来源，据应劭说（见《吴太伯世家》集解）：

> 常在水中，故断其发，文其身，以象龙子，故不见伤害。

此说似乎不确。西域诸国也有断发文身诸俗。《晋书·西戎传》说焉耆国丈夫剪发，龟兹国男女皆剪发垂项；《魏书·西域传》说波斯国其俗剪发，康国丈夫剪发，哎哒国头皆剪发；慧超《往五天竺国传》说吐火罗国男人并剪发；《大唐西域记》说阿耆尼国断发无巾：是断发之风在西域诸国已甚普遍。至于文身之事或不多见，《大唐西域记》佉沙国（旧谓疏勒）条说：

> 其俗生子押头匾䭃，容貌粗鄙，文身，绿睛。

《华阳国志》说哀牢国臂胫刻文，似也属于文身的一种。可见文身之风，不限于吴、越一隅。且西域诸国，积高之区，终年少雨，如应劭所说的断发文身，在西域并无此需要。由这两种相反的环境说，断发文身大概是一种属于民族性的时尚的装饰，而非适应生活需要的习惯，断发文身的属于民族性的时尚的装饰，在民族内必有悠久的历史，在民族与民族间又是不易于模仿的习俗，所以这种习俗很可以认为是民族文化的代表。我以为越人这种习俗，多少与西域诸国总有点关联。

匈奴虽也是夏后之后，但此民族对于发的处置则与越人不同。《淮南子·齐俗训》说：

> 胡、貉、匈奴之国，纵体施发，箕踞反言。

《汉书·匈奴传》赞也说匈奴被发左衽，《淮南》之施发当即《汉书》之拖发。（戎昱《苦哉行》也说"匈奴为先锋，长鼻黄发拳"，此匈奴或指突厥，但言黄发拳，知亦非剪发。）匈奴与越同为夏后，而一为被发，一为断发，这也是很可注意的。

《史记·匈奴列传》说：

> 匈奴其先祖夏后氏之苗裔也，曰淳维。

淳维即獯粥之转音，《索隐》引乐彦《括地谱》说：

> 夏桀无道，汤放之鸣条。三年而死，其子獯粥，妻桀之众妻，避居北野，随畜移徙，中国谓之匈奴。

此据匈奴的习俗，附会古代传说，可信的程度自然不多，但此传说绝不能凭空捏造，至少也得像刘聪之称大汉，赫连勃勃之称大夏一样，必有若干事实为其素地。

从文字方面讲，匈奴称胡，据高本汉（Karlgren）《分析字典》古代胡读γuo，夏读γa，发音相同故得相通。从地理方面讲，夏北迁后为大夏（说见后）。秦、汉间的大夏，据《琅琊刻石》在中国正北，适与匈奴壤地相同。昆吾与夏并称，而《匈奴列传》的昆邪王（或作浑邪），《汉志》金城郡的允吾县，《尔雅·释畜》的騉駼，并为昆吾的转音（《史记正义》读昆邪为昆徐，《汉志》应劭音允吾为铅牙，《尔雅》舍人注：騉駼，外国之名），并可为证。

《观堂集林·鬼方昆夷猃狁考》曾于旧史及铜器上的记载证明鬼方、昆夷、猃狁、薰鬻……并是匈权的异称。甲骨文称国皆曰方，《诗》大小《雅》亦以方国并称，故殷周间的鬼方与《礼记·明堂位》的鬼侯，《山海经·海内北经》的鬼国，在名称上绝无若何差异。《礼记》作鬼侯，《史记·殷本纪》作九侯，是鬼侯即九侯，鬼方即九方（《列子》有九方皋以相马著名，似即此国人）。《括地志》说（见《殷本纪》正义引）：

> 相州洛阳县西南五十里有九侯城，亦名鬼侯城，盖殷时九侯城也。

九侯城在洛阳城西南五十里，其地又名九州，九侯即九州侯的省称。《左传·昭四年》：

> 四岳、三涂、阳城、大室、荆山、中南、九州之险也，是不一姓。

杜预于九州无注，大概是以此九州，当《禹贡》的九州故以四岳为东岳岱、西岳华、南岳衡、北岳恒，这实在是大错特错。《逸周书·度邑》篇所载有夏之居，大致即与此同（又见《史记·周本纪》）。

> 自雒汭延于伊汭，居易毋固，其有夏之居。我南望

过于三涂，北望过于岳鄙，顾瞻过于有河，宛瞻延于伊
雒，无远天室。

此岳鄙即《左传》的四岳，天室即《左传》的大室，古天、大字
形近相通，故大邑商，《尚书》作天邑商。岳鄙，司马贞以太行山
当之，《国语·齐语》：

岳滨诸侯，莫敢不来服。

韦注：岳，北岳常山，是古称岳皆指北岳言，《括地志》也说晋州
霍山一名大岳。四岳与三涂对称，如指岱、华、衡、恒为四岳，
则三涂所指为何？而且四岳之华与中南，又不免重复，《左传·昭
二十二年》：

晋籍谈、荀跞帅九州之戎……以纳王于王城。（杜注：
九州戎陆浑戎）

《国语·郑语》：

谢西之九州。

《礼记·祭法》：

共工之霸九州也。

此诸九州皆指北至太行、南至三涂、东至阳城大室、西至荆山中

南的九州。其地为夏人所居、共工所霸、陆浑所迁，故《左传》说："是不一姓。"

九州名称转变最繁，各书所载有种种不同。《逸周书·伊尹·献令》作仇州，《战国策·西周策》作厹由，《吕氏春秋·权动》篇作凫繇，《淮南子·精神》作仇由，《汉志》临淮郡有厹犹县。并为九州的对音。《左传》泠州鸠、刘州鸠、叔孙州仇，《孟子》薛居州、颜雠由，并以国名为人名。

夏后为连称之词，与《史记·五帝本纪》的荤粥，《匈奴列传》的浑庾（《汉书》作浑窳），《赵世家》的休浑，《贾谊新书》的灌窳，并是九州的对音字。在《鬼方昆夷猃狁考》里只说荤、浑、鬼、昆、猃狁为匈字的声转，于粥、庾、休、窳诸字则缺而不言，现在我们因此种种名称的关联，又可见到匈奴与夏后的关系。

总结说，杞、鄫、越与匈奴既属夏后之后，如果夏代果有类似小屯的文化，此四国分化之后，必不能尽弃旧俗而效胡化。从这一点看，我们认夏为胡化的民族，也自有充分的理由。

五、大月氏大夏为虞夏民族西徙后的名称

大月氏、大夏在中国史籍中（虽然是断片的记载）如经参互钩稽，其由东西徙之迹，也显然可见。月氏为虞氏的对音。古虞氏夏后并为连称之词。《左传·哀元年》：

> 虞思于是妻之以二姚。

虞思即虞氏的音转（杜注："思，有虞君也。"望文为训，全不可靠）。

虞、月古疑母字，六朝译经以月译 Youe 或 ou 音（此陈寅恪先生说），广东音读虞为 ü，月为 üt，皆虞、月相通之证。大月氏、大夏即中国史乘上虞夏民族西徙后之称。月氏与夏为其本名，大为后加之词。地以大小为名，原有对称之意，故地称小，新迁称大。如小宛、大宛，少梁、大梁（少梁为秦所灭之梁，大梁战国时魏都，当是为秦灭后，其人奔晋，后迁于此）、小东、大东（参看傅斯年《小东大东说》），此例甚多。《史记·大宛列传》说：

> 始月氏居敦煌祁连间，及为匈奴所败，乃远去，过宛西击大夏而臣之，遂都妫水北为王庭。其余小众不能去者，保南山羌号小月氏。

此大月氏以西迁得名，小月氏以留居故地得名，其大小命名之意极为明白，大夏迁徙较前，在史乘上原无明白的记载，但其名称亦有可征。《山海经·海内经》：

> 西南黑水之间，有都广之野，后稷葬焉，其城方三百里，盖天下（毕校下当作地）之小，素女所出也。

《淮南子·地形训》：

> 建木在都广。众帝所自上下，日中无景。呼而无响，盖天地之中也。

《山海经》与《淮南子》所说的都广，现在分别解释如下：

（1）都广名称，都广即大夏对音，都广之为大夏，与吐火罗、睹货逻、兜佉逻之为大夏同。都、睹、兜并端母字；广见母字，夏匣母字，古见母字多转入匣母，故得相通。（2）后稷葬地据《海内西经》说：

> 后稷之葬，山水环之，在氐国西。

郝懿行《笺疏》云（《海内经》笺语）：

> 其地盖在今甘肃界也。

都广之野，后稷所葬，在甘肃界内，正是大夏西迁中曾经寄顿之地。（3）众帝所自上下，《淮南》说都广为众帝所自上下，自为汉代传说。《汉书·郊祀志》说：

> 自古以雍州积高，神明之隩，故立畤郊上帝，诸神
> 祠皆聚云。

汉代传说既以雍州为诸神祠所聚之地，则《淮南》所说为众帝所自上下的都广，也当在雍州。（4）天地之中，《山海经》与《淮南子》都认都广为天地之中，此古人对于地理知识如此。在《广宏明集》卷七《辨感篇》有一段记载，与此颇有发明之处：

> 贤豆天竺……人传天语，字出天文，终古至今，无
> 相篡夺，斯是地心，号中国也。

此认贤豆、天竺为地心，为中国，即认此为天地之中。此六朝人

地理知识必有所受。据《魏书·西域列传》，贤豆（即悬度）、天竺地接大夏，故《山海经》与《淮南子》所认为天地之中的都广，除大夏外更无适宜之地可说。

综此数证言之，都广之为大夏，说如不误，则少广必为小夏的对音。《庄子·大宗师》：

> 西王母得之坐乎少广。

西王母所在，据《淮南·地形训》说，在流沙之濒，《汉书·地理志》注：

> 西王母石室在金城临羌西北塞外。

《淮南》《汉志》所说，自是汉代地理。就汉代大夏地望言，其故地小夏正在大夏东。此都广在西，少广在东，其命名又与大月氏、小月氏全合。

《诗》大小《雅》原亦当作大小《夏》。十五《国风》、三《颂》都从地域区分，大小《雅》也应是地方的名称。《墨子·天志下》：

> 于先王之书《大夏》之道之然。

俞樾《诸子平议》释之说：

> 《大夏》即《大雅》。《荀子·荣辱》篇曰"越人安越，楚人安楚，君子安雅"，《儒效》篇曰"居楚而楚，

居越而越，居夏而夏"，是夏与雅通也。下文所引"帝谓
文王"六句，正《大雅·皇矣》篇。

俞氏以《墨子》本书及《荀子》属文之例证明雅、夏相通，其说
甚确。此大夏、小夏虽不能确指为何地，就名称言，亦可为都广
少广作一旁证。

大月氏又称西虞（或作西吴）。《管子·小匡篇》说齐桓公西征：

> 济河……逾太行与卑耳之溪，拘秦夏（《齐语》无秦字，
> 秦与泰字形相近，秦夏即泰夏之讹，《史记·封禅书》作大夏），西服流
> 沙西虞。

西虞《齐语》作西吴，古虞、吴字通，铜器中有虍头字无虍头字
多通用，《史记》周仲章封于北虞，亦作北吴。此西虞在流沙旁，
以地望言之，当即月氏无疑。

大夏称西夏。《穆天子传》说：

> 自宗周瀍水以西至于河宗之邦，阳纡之山三千四百
> 里，自阳纡西至于西夏又二千又五百里，自西夏至于珠
> 余氏及自河首千又五百里，自河首襄山，以西南至于舂
> 山、珠泽、昆仑之邱七百里。

阳纡为秦薮，《尔雅·释地》作杨陓，《吕氏春秋·有始览》作阳
华，《淮南·地形训》作阳纡，惟《职方》以为冀州薮字作扬纡。
此云阳行之山当在秦境。河宗之邦，据《史记·赵世家》说：奄
有河宗，至于休溷诸貉；其地当去赵不远。就《穆天子传》所载

里数计之，此西夏东距宗周五千九百里，西距昆仑二千二百里，在阳纡、河宗之西，视为大夏故地，当无大误，《逸周书·史记解》说：

> 昔者西夏性仁非兵，城郭不修，武士无位，惠而好赏，财屈而无以赏，唐氏伐之，城郭不守，武士不用，西夏以亡。

此西夏性仁非兵，城郭不修，与《史记·大宛列传》所载：

> 大夏……其俗土著，有城屋……其兵弱，畏战。

两相对照，也颇有类似之处。

以上对于大月氏、大夏、西虞、西夏诸名的解释，如果不误，则此月氏（虞氏）与夏两名，必为中国旧称，而非译音。从而推想此两族与中国有悠长的历史关系，即中国之虞夏民族，自然也是可能的事。

六、西域诸国与大月氏大夏的西徙

在东方史上不但大月氏、大夏为由东西徙的民族，即西域诸国当秦、汉以前也有西迁的趋势。《汉书·地理志》京兆尹、左冯翊、右扶风、陇西、金城、天水、武威、张掖、安定、北地、上郡、朔方诸郡，今陕西、甘肃境内，有许多地名仍保存了蛮夷或汉代西域诸国的名称。现在分作两类列举如下：

(1) 称道的地名。据《汉书·百官志》说："县有蛮夷曰道。"其地当时必有蛮夷居住。

左冯翊　翟道

陇西郡　狄道、氐道、予道、羌道

天水郡　戎邑道、绵诸道、略阳道、獂道

安定郡　月支道

北地郡　除道、略畔道、义渠道

上郡　　雕阴道

(2) 虽不称道而知为蛮夷名称。此为当时已汉化的蛮夷居住之地。

京兆尹　湖（注：故曰胡，武帝建元年更名湖）、下邽（应劭曰：秦武公伐邽戎置有上邽，故加下）、新丰（注：秦曰骊，故骊戎国）

左冯翊　临晋（注：故大荔，秦获之更名）

陇西郡　上邽（应劭曰：《史记》：故邽戎邑也）、大夏

金城郡　允吾（应劭曰：音铅牙）、令居、榆中（注：昔蒙恬为秦北逐戎人，开榆中之地）、枹罕（应劭曰：故罕羌侯邑也）、破羌、临羌（注：西北塞外有西王母石室、仙海，盐池）

天水郡　罕幵、冀（注：旧冀戎也）

武威郡　休屠（注：本匈奴休屠王都）

张掖郡　觻得（注：本匈奴觻得王所居）、昭武、氐池、骊靬（注：即大秦国，盖以其降人置县）、居延

安定郡　朝那（《说文》：那西夷国）、乌氏（本乌氏之戎，见《匈奴传》）

北地郡　窳浑（戎名，见《匈奴传》）

上郡　　龟兹

朔方郡　胊衍（《卫青传》作寈浑）、渠搜

上述诸地月支、义渠、大夏、昭武、骊靬、龟兹、渠搜都是秦、汉以来西域国名。其余如戎、狄、氐、羌、獂、那、绵诸、罕开、令居、䍐得、居延、朐衍，也与匈奴西域有关。据颜师古《汉志》"上郡龟兹县"注说：

> 龟兹国人来降附者，处之于此。

钱坫《汉书地理志斠注》"安定郡月氏道"下也说：

> 本在敦煌祁连间，后为匈奴所逼西去，此盖以其国
> 降人所置者也。

此说全不可据。中国史上外族的内徙，如秦、晋迁阴戎于陆浑，汉、魏迁南匈奴于河朔，都有明白的记载。《汉书·冯奉世传》载上郡属国归义降胡万余人反，又载昭帝末西河属国胡伊若酋王亦将众数千人叛，此类降胡多至万余或数千，并不著其由来。历史上民族的大迁徙，如匈奴、月氏的西迁，人畜多至数十余万，但总有一部分仍留居故地。《史记·大宛列传》说月氏西徙后，其余小众不能去，保南山羌号小月氏，《魏书·西域列传》"悦般国"条说：

> 悦般国在乌孙西北……其先匈奴北单于之部落也，
> 为汉窦宪所逐，度金微山西走康居，其羸弱不能去者，
> 住龟兹北，地方数千里，众可二十余万，凉州人犹谓之
> 单于王。

此一部分留居故地的民族，还得保存其旧日月氏与单于王的名称。同例，我们从《汉志》这些地名上作大量的观察，也可推知秦、汉以前的西域诸国，大概就居在现今陕、甘一带，其西徙的原因，我们也可据旧史推测而得。

周室东迁以后，秦据关中形胜之地，到秦穆公时很想东向争霸，既为晋国所遏，因转而西侵。李斯《谏逐客书》说：

> 昔缪公求士，西取由余于戎……并国二十（《文选》作三十），遂霸西戎。

《秦本纪》也说：

> 秦用由余谋伐戎王，益国十二，开地千里，遂霸西戎。

此后秦国霸权日益扩张，以迄帝业完成，使这些民族不得不渐次西徙，而成为汉代的西域诸国。

大月氏、大夏虽同为汉代西域诸国，但其故地更在陕、甘以东。其迁徙次第，与上述情形不同。春秋之际成周、晋、卫之间，仍属胡化区域。《后汉书·西羌传》说：

> 伊洛间有杨拒泉皋之戎，颍首以西有蛮氏之戎，当春秋时，间在中国，与诸夏盟会。

此乃櫽栝《左传》之语。此伊、洛、颍西既为诸戎所在，同时晋国也在诸戎之中。《左传·定四年》：

> 分唐叔以大路密须之鼓，阙巩沽洗，怀姓九宗，职官五正，命以《唐诰》而封于夏虚，启以夏政，疆以戎索。

晋封夏虚而疆以戎法（杜注"大原近戎而寒，不与中国同，故自以戎法"，训索为法），可见夏虚原在胡化范围以内。《晋语一》：

> 狄之广莫，于晋为都；晋之启土，不亦宜乎？

又《晋语二》：

> 宰孔谓其御曰："晋侯（献公）将死矣，景、霍以为城，而汾、河、涑、浍以为渠，戎狄之民实环之，汪是土也……"

此为疆以戎索的注解。《韩非子·难二》说：

> 晋献公并国十七，服国三十八。

《吕氏春秋·贵直》篇说：

> 晋献公兼国十九。

晋献与齐桓同时，其武力全以对戎翟为主。襄、平以来继以伐狄、伐鼓、和戎、灭潞诸役，因得确立晋国的霸权。后来赵襄子、赵武灵王灭代，灭中山、林胡、楼烦诸国，而李牧御边，又最称良将，因此种继续的优势武力，使这些民族又不得不渐次退居于中国北部。这就是秦、汉之际的月氏与大夏。

《逸周书·王会》篇列禺氏、大夏于正北，《伊尹献令》正北有大夏月氏，何秋涛《王会篇笺释》说：

> 禺氏在西北，月氏亦在西北（此西字阿氏所增，乃就汉时月氏地位而言），汉以后禺氏无闻而月氏详于史，禺月一声之转，禺氏盖即月氏也，氏音支。《伊尹四方令》云"正北月氏"，又云"请令以駃騠焉献"，与此正合。

以禺氏为月氏，这是何氏的创见。《观堂集林续编·月氏未西徙大夏时故地考》也有此说：

> 周末月氏故居，盖在中国之北，《逸周书·王会解·伊尹献令》列禺氏于正北，《穆天子传》"己亥至于焉居、禺知之平"，禺知亦即禺氏。其地在雁门之西北，黄河之东，与《献令》合。此二书疑皆战国时作，则战国时之月氏当在中国正北。

我们悬想当冒顿单于还未统一漠北以前，那时漠北的霸权，或者还在月氏人手中。《史记·大宛列传》说：

> 大月氏……故时强，轻匈奴。

《匈奴列传》也说：

> 头曼欲废冒顿而立少子，乃使冒顿质于月氏，冒顿既质，而头曼急击月氏，月氏欲杀冒顿，冒顿盗其善马骑亡归。

匈奴有质子在月氏，可见匈奴曾经役属于月氏，此时大夏国力如何，虽不可知，但其地仍在中国正北。《吕氏春秋·古乐》篇说：

> 北至大夏，南尽北户，西至三危，东至扶木。

《史记·秦始皇本纪》琅琊刻石之辞说：

> 西涉流沙，南尽北户，东有东海，北过大夏，人迹所至，无不臣者。

琅琊刻石始皇二十八年事。其时大夏尚未西迁。

冒顿单于的兴起确是当时一大事件。《盐铁论·伐功第四十五》：

> 周衰，诸侯力征，蛮貊分散，各有聚党，莫能相一，是以燕、赵能得意焉。其后匈奴稍蚕食诸侯，故破走月支，因兵威徙小国引之民，并为一家，一意同力，故难制也。

冒顿单于的伟绩，与后来耶律阿保机、阿骨打、成吉思、努尔哈赤事业相比，并无逊色。大月氏的迁徙，既由此新兴武力所促成，大夏的西迁，也未始不受了这个影响。

王静安先生《西胡考下》及《月氏未西徙时大夏故地考》以为大月氏、大夏的西徙，同由《汉书·西域传》的南道。《管子》书以禺氏为玉之产地：

> 玉起于禺氏。——《国畜》
>
> 玉起于牛氏边山。（牛、禺皆疑母字，故得相通）——《地数》
>
> 北用禺氏之玉。——《揆度》
>
> 玉起于禺氏之边山，此度去周七千八百里。——《揆度》
>
> 禺氏不朝请以白璧为币乎，昆仑之虚不朝请以璆琳琅玕为币乎……怀而不见于抱，挟而不见于披而辟七（千之误）金者白璧也，然后八千里之禺氏可得而朝也。籫珥而辟千金者，璆琳琅玕也，然后八千里之昆仑之虚可得而朝也。——《轻重甲》
>
> 金出于汝汉之右衢，珠出于赤野之末光，玉出于禺氏之旁山，此皆距周七千八百余里。——《轻重乙》

此因且末、于阗为产玉区域，且为南道必经之地，故《月氏未西徙时大夏故地考》即据此疑《管子·轻重》诸篇皆汉文、景间所作，其时月氏已去敦煌而西居且末、于阗间。此种推论自属可信。

于阗之东也有大夏的遗迹，《西胡考下》说：

> 《大唐西域记》卷十二说："于阗国尼壤城东四百余里，至睹货逻故国，国久空旷，城皆荒芜。"是睹货逻故国在于阗之东，今和阗之东大沙碛，《唐书》谓之图伦

碛，今谓之塔哈尔马干碛，皆睹货逻之讹变。

此睹货逻即大夏，六朝以来，大夏名称异译甚多，《后汉书》谓之兜勒，佛经谓之兜佉勒、兜佉罗，《魏书》谓之吐呼罗，《隋书》《唐书》谓之吐火罗，《大唐西域记》谓之睹货逻，皆大夏二字胡语的对音。最近斯文赫定（Sven Hedin）《亚洲沙漠探险记》也有同样的考证（以下译文录自张星烺《中西交通史料汇编》第一册第21页）：

> 新疆中央大沙漠，土人称之为塔克拉玛干（Taklama-kan），又余在沙漠中发现古代城市遗迹亦名塔克拉（Tak-la），塔克拉为吐火罗之转音，毫无疑义。和阗附近有村庄名托赫拉（Tochla），古代沙漠逼近城市，居民皆迁至此村。此托赫拉亦必吐火罗民族所遗留之名也。

于阗之东有睹货逻故国，图伦碛、塔哈尔马干碛（即张译塔克拉玛干）、托赫拉村诸称，使人不能不相信此为古代大夏民族曾经居住之地。

《西胡考下》谓大夏西徙，前于月氏仅二十年：

> 希腊地理学家斯德拉仆所著书记西历纪元前百五十年时，睹货逻等四蛮族侵入希腊人所建之拔底延（Bactria）王国，是大夏之入妫水流域，前乎大月氏者仅二十年，故大夏居妫水南，而大月氏居其北。此其侵略先后之次序也。此事中国、印度、希腊古籍，全相符合。

我们看上面所说的大月氏、大夏的西徙，在时间上及由东向西的路途上，无不相同。由此类事实，我们又可见到这两民族关系之

再论小屯与仰韶

切。因此我们联想到前面所说的大月氏、大夏即中国史乘上虞、夏民族，也大有玩味的地方。

七、余 论

中国古物学的发达，从赵宋以来已有一千多年的历史，以至晚近，出土的古物日多，关于这一类的书籍也不下数百种，但这些没有系统的发掘与记载，除殷虚出土的甲骨文字以外，于中国古史的考订并不能有多大的贡献。

小屯与仰韶两遗址的发掘，在中国考古方面才开始采用最近代的方法。所得的遗物虽然没有像毛公鼎、齐侯镈镂刻着那样典重的文章，可是在中国古史方面增加了不少的直接可靠的史料，确要以这两次发掘为最重要。

小屯遗物因为有甲骨刻文，因此可以由这刻文上断定这遗址的年代。这样事实使我们对于小屯历史，可以确实信赖而无疑。至于仰韶的问题，因为遗物上没有文字发见，其年代的推定，就不能像殷虚这样容易而确定了。

我们对于虞、夏两代，晓得的实在太少。薛尚功、阮元、吴荣光等编集铜器款识，有许多题为夏器的都属于晚周之物。此等遗物既无可据，所以在本文中仅得依据中国史上虞、夏民族分布的区域，断定仰韶为虞、夏民族的遗迹。这本不是健全的方法，但我们也不妨认为一种有理解的新的提议。

仰韶文化与中亚西亚的渊源，这在西方学者已有很详细的讨论。关于这一方面，我们可以姑置不论。小屯文化既与仰韶文化分属两个系统，而且小屯有青铜器及甲骨文字等较仰韶遗物更加复杂，这样丰长的文化应当有所承受。

　　小屯的甲骨年代，据最近的考定，不过二百余年，在这二百余年内绝不能产生这样丰长的文化。所以我们可以断然地说小屯文化无疑是由别处移植来的。关于这一方面可以供给我们比较研究的资料，其缺乏如同上述的夏器一样。罗振玉《殷文存》里所收的铭文十之七八属于周器。铜器中以甲乙为名的并不能为断定年代的标准。所以关于小屯文化来源，我们只有从小屯遗物及传说方面加以推测而已。

　　《史记·殷本纪》载殷人迁都之事前八后五，就此传说看，殷民族颇有由今山东向河南发展的趋势。小屯遗物有咸水贝与鲸鱼骨，此即殷人与东方海滨一带交通之证。秦、汉以前，齐、鲁为中国文化最高区域，必有文化上的凭借，《左传·昭二十年》述齐国的沿革说：

　　　　昔爽鸠氏始居此地，季萴因之，有逄伯陵因之，蒲
　　姑氏因之，而后大公因之。

这个传说必含有若干可信的史实在内，我以为小屯文化的来源，当从这方面去探求，环渤海湾一带，或者就是孕育中国文化的摇床。

　　关于涉想方面，说得太多了，这要请读者予以指正！
　　最后我要感谢李济之先生，他给我这可贵的篇幅供此文发表！

　　　　　　　　　　　（原载《安阳发掘报告》第三期，1931 年 6 月）

再论小屯与仰韶

125

弋射与弩之溯源及关于
此类名物之考释

一、叙　言

人类在旧石器时代，即已利用弓矢。现存西班牙洞壁刻画，有持弓矢战斗及狩猎诸图，大约皆一万五千年以前所遗。此可见人类利用弓矢，由来极远。即现代未开化之民族，亦无有不以弓矢为武器者。弋射与弩，不过就弓矢上略加简单机械，以增加其威力。其效果：（1）使射愈远；（2）中的较准确。故在未有火器以前，此实为最进步之利器。

弋射与弩在人类文明中，当然不若弓矢由来之悠远，亦不若弓矢流传之普遍。其事盖创始于东方。商代甲骨文中已有象弓弩矰缴形之文字。汉以后史书载南方民族未与中原文化融合以前，即已有弩。据此而言，弋射与弩其在东方，或尚在殷商以前。中华民族当三千年前，即已能利用此种最进步之利器，实可惊异。近代学者对于东方蚕丝、瓷器、造纸、印刷、火药等物之发明，无不盛为称道；独于此则尚不详其所由来。拙著《古代狩猎图象考》曾对此加以详细之讨论，既付梓后，浏览所及，续有所得，复参以北平市上所售之弩，对于前说有足资补正者，因再为此文以述之。

二、关于矰缴之文字

弋射所用矢，与寻常矢不同。《淮南·说山》云"好弋者先具缴与矰"，高诱注：

> 缴大纶（《说文》"纶，青丝绶也""缴，生丝缕也"，《诗·采绿·传》"纶，钓缴也"，知纶缴均是细丝绳）矰短矢，缴所以系者，缴射，射注飞鸟。

此说弋射所用矢，最为详明。《周礼·司弓矢》云"田弋，充笼笼矢，共矰矢"，注云：

> 笼，竹箙也，矰矢不在箙者，为其相绕乱，将用乃共之也。

此谓矰矢系缴，故不在箙中，亦明其与寻常矢异。铜器四耳盂所绘弋射形，矢皆系长缴。甲骨文有弗、叔、吊及从夷之雉、陕诸字。弗、叔、吊、夷疑即象矰矢系缴形。茀原为弋射所用矢名，《周礼·司弓矢》云："矰矢茀矢，用诸弋射。"甲骨文茀又从矢倒置，更为此说旁证。吊与镝本同音字，疑吊即锋镝之本字。吊，至也，至铜器作𡿨，象矢镝倒立著地形，义亦相因。叔，善也，即至引申之义。古叔、吊二字多通用，甲骨文弗叔连文，弗叔即不淑，《诗·节南山》“不吊昊天”，《瞻卬》“不吊不祥”，《左传·昭二十六年》“率群不吊之人”，《左传·哀十六年》“昊天不吊”，凡此不吊诸文，均当作不淑。据此知叔、吊形近义通，故得通用。雉，甲骨文从夷，夷象矰缴形（《说文》：夷从大从弓。说误），古代弋原为射飞而设，郑玄《月令》注“弋，射飞也”，《诗·女曰鸡鸣》“弋凫与雁”，《论语·述而》“弋不射宿”，皆射飞之证，故雉字从夷。陕，甲骨文人名，义不详。以上诸字，其缴形作己，尤与四耳盂所绘缴形相似。比合而观，其为缴形已甚显然。又铜器兄弟之弟从弋从己（《说文》：“弟，韦束之次弟也，从古文之象……古文弟从古文韦省。”已不知弟字所从之形）。凡弋射之缴，必有条理次弟而后始能及远，故凡从己之字，皆有条理次弟义，如纪纲、记述皆是；弟从己，故亦有次弟义。弟引申为兄弟字（《释名》：“弟，弟也，相次弟而生也。”）与叔引申为叔为伯字，义亦全同。高诱注“缴大纶”，从仑之字亦有条理次弟义，如伦理、经纶皆是。

陕
前七·三二
齐镈
雉
后下六
应公鼎
吊
后下一三
叔
前三·三二
虘殷
叔
前五·一七

弗　　　　　　前六・一一　　　　　　　　　　　芟季良父壶

弗　　　　　　前二・三七

　　据此而言，甲骨文中从己诸字，皆当象缴之形。弟又从弋，
是己为弋射之缴更可无疑。从而商之有弋射，已可由文字上完全
证明之。

前一・三〇　前五・四　前六・三六　前六・三六　前六・一四　前二・四
　　　　　　　　　　　　　　　　　　　　　　　　　　　又前四・四三

续一・一　　后下二九　　后下二一　　　后下二二　　前一・四七

　1 弗　　　2 郯　　　　　3—7 吊

叔皮父毁　　玺文　　吊龟爵　　吊龟毁　　毁文　　瓠文　　吊父辛瓠

　　　　　　8—10 叔　　　　　　　11—12 夷　　　　13 陕

叔仓父盨　　散叔毁　　蹈鼎　　仲夷尊　　守毁　　父辛盘

前一・五　　前二・二七　　前三・三　　前三・四

二重证据与文明探源——徐中舒先秦史论集

前三·六　　　前三·六　　　前三·二四　　　前七·四〇

甲骨文又有从𢎥诸字，其字今皆不可识。其偏旁𢎥亦象矰缴形。此诸字中有从弓者，如𤔲𥄗，尤象弋射形。有从犬者 (𤞤)，有从毕者 (𤲞)，亦皆田弋所有事。

弗、吊、叔、夷、陳诸字亦见于铜器中。弗从弋甚明，又觚文及吊父辛觚，两吊字己形之末作三歧或两歧形，尤与绳形相似。《说文》"徽一曰三纠绳也"，《易》"系用徽缠"，刘表曰"三股曰徽，两股曰缠"，《御览》引《通俗文》云"合绳曰纠"，此三歧两歧，即象绳三合或两合之形。甲骨文申字，其两端亦象绳两合之形 (铜器申形同，从略)。古申在真部，绳在蒸部，蒸、真古可通协，如《诗·文王》末章"躬与天协"是，申盖即绳之本字。故由申之本义言之，上举诸字之象矰缴形，更为显然。

三、北平市上流行之弩

弋射之与寻常弓矢不同者，不但其所用之矢不同，即所用之弓亦异。弋射所用之弓，有臂有机，当名为弩，已详拙著《古代狩猎图象考》 (见《集刊外编·蔡子民先生六十五岁纪念论文集》下册)。此有臂机之弩，现在北平市上仍有售者。其制可别为两种，一为发弹用之弩，俗名弩弓 (图版一)。一为连续发十弹或十矢之弩，俗名弹弩或连珠弩 (图版二)。

诸葛分形转图

诸葛全弩图

弩弓之机

图版一　　　　　　　　　图版二

弩弓具一曲臂，臂上有弓与机。弓与机外，弓之前端有粗铁丝制长方形架，架上横系一线，线上系一小珠，架俗名星架，珠曰准星。又机之后端立一竹牌，牌中凿一小孔，牌俗名斗牌，又名星牌。准星之地位，先可上下左右移动，待至由斗牌小孔中以窥准星，与所射成一直线，发即命中时，即固定之，以为射击标准。机用铜制，分上下两段，上与古弩机之牙相当，用以钩弦，下与古弩机之悬刀相当，用以发机。弦用牛筋制，中有斗，斗前端用以衔弹，后端用以钩于机牙上。

弹弩或连珠弩，直臂，臂上置一匣，以盛弹或矢（如匣增大，则发弹或矢之数亦可增多），匣近臂处留一弦道，弦道之后端向下微凹，以为衔弦之用，机牙系一长方形小骨片，即置于此凹处，可自上向下移动。匣与臂相连之关键，一端借弦通过弦道之力，一端别有一柄，俗称为拐子（古当称曰枢），夹于匣与臂之两旁，两键贯之，一键在匣，一键在臂。用此弩时，先置弹或矢于匣中，然后将拐子向前转动，待弦落于弦道后端凹处，则将拐子向后转动，当转动时，匣之后端与臂并不紧接，待匣与臂紧接时，则牙为臂所阻

131

而上升，因而将弦挤出凹处以发弹或矢，如此往复转动，则弹与矢即连续发射不已。明茅元仪《武备志》载诸葛弩形制全与此同，兹并将原图，移录于此，以为参考。

以上两种弩制，虽为现今北平市上流行之物，但其来源有极古者，下文当就文字方面为证明之。

四、关于弋射之文字

铜器弋及偏旁从弋者，有弋、妦、杙、必、叔、鋭、庚、宒诸字，据此诸字以与弩之形制相较，知卡为最初象形字，弋为渐次讹变之形。卡中直象弩臂，长横象弛弓形，短横疑与弩弓上准星之用相当，疑古名此为式，或度，亦谓之仪表。

曾宒伯鼎	玺文	陈侯午殷	大克鼎	吴尊

寰盘	生杙姜殷	叔妦殷	农卣

古弩射有参连法，其见于记载者如：

　　大黄参连弩。——《六韬·军用》

　　夫射之道，从分望敌，合以参连。——《吴越春秋》

九《勾践阴谋外传》

不知公子王孙，左把弹，右摄丸，定操持，审参连。——《新序·杂事》

五射……二曰参连。——《周礼·保氏》注

宠射，其秘法以天覆地载，参连为奇；又有三微三小，三微为经，三小为纬，经纬相将，万胜之方，然要在机牙。——《后汉书·孝明八王（陈王宠）传》注引华峤书

此参连法注家多不解，今但取弩弓之制观之，则此法乃极易晓。据前所述用弩弓时，由斗牌或星牌之小孔中以窥准星，与所射，三点相连成一直线时，则发射即可命中，是参连者即射击瞄准之法。参古多借为三，华峤书三微三小，当即释参连之参。所谓微小者，如弩弓斗牌之孔，及准星之珠，皆极微小。又三微为经、三小为纬者，如以准星之珠为经，则悬珠之线即纬，同例则斗牌亦有一经一纬，其他一经一纬，当谓所射之物。《后汉书·孝明八王列传》谓陈王宠善弩射，十发十中，中皆同处，盖必有此精密之瞄准法，而后始能如此。

以上所引诸书皆出东汉以后（《六弢》题太公作，胡应麟《四部正讹》云"《六韬》称太公，厥伪了然，考《汉志》有《六韬》，初不云出太公，盖其书亡于东京之末，魏晋下谈兵之士，掇拾剩余为此，即《隋志》《六韬》"），但参连法之兴起，或远在此时以前。《礼记·缁衣》引《逸书·太甲》云："若虞机张，往省栝于厥度，则释。"郑玄释之云：

虞主田猎之地者也，机弩牙也，度谓所以射也，虞人之射禽，弩已张，从机间视栝，与所射参相得，乃后释弦发矢。

所谓参相得者，即栝、度与所射三者相得。《释名》："矢末曰栝。"从矢末视度，则古弩射仅有与准星相当之度，而无斗牌，故以栝代斗牌之用。度者法度，盖准星即射之法度，亦谓之仪表。《吴越春秋》卷九云"愿闻望敌仪表，投分飞矢之道"，仪有法度之意，表，《晋语》十四韦注云"立木以为表，表其位也"，立木表位，正象弋字右旁之短画。

仪表又名式，仪为法度，式亦有法度意，式又从弋声，疑即其本字。《诗·楚茨》云"如几如式"，《传》云"几，期；式，法也"，古譬况辞多举易见之事、易晓之物，如云"如匪行迈""如彼筑室于道谋""如履薄冰""其人如玉""如茨如梁"等是，此"如几如式"，若如毛释"如期如法"，则说极难晓。余疑几即弩机之机，式即与准星相当之度或仪表，下文云："既齐既稷，既匡既敕。"齐、稷有疾速意，匡、敕有正中意，如几故疾，如式故正，义实相因。

度之为式，更有旁证二：《说文》"轼，车前也"，轼在车前，式亦在弩前。旁证一。《史记·日者列传》云"旋式正棋"，《索隐》云：

> 式即栻也，旋转也，栻之形上圆象天，下方法地，用之则转天纲，加地之辰，故云"旋式"。

卜用之栻，今乐浪有出土者，其制合方圆二者而成。弩弓之星架形方，准星形圆，合之亦当名式。华峤书谓宠射，其秘法以天覆、地载、参连为奇，古谓天圆地方，所谓天覆地载，或即指此。旁证二。

甲骨文有于字而无弋及从弋之字，于甲骨文作于，亦有作𠃌者（早期铜器于亦作𠃌）。余疑于与弋同，均象弩形，特于所象之式更较弋为长。于又作弓者，于既象弓臂与式，卪更示其为曲臂。爰从于从受，《说文》："受，上下相付也。"谓象两手上下相付之形，余疑爰之从受，乃象两手引弓弩形，故爰得训为引。又古谓张弓、引弓曰扜弓 （扜或作弙）：

后下·四三　　后下·四一　　菁一一·二〇　　前八·六　　前八·一一

前八·一四　　前二·二　　前一·五三　　前一·四三　　前一·四四

    弙，满弓有所乡也。——《说文》

    管仲扜弓射公子小白中钩。——《吕氏春秋·贵卒》

    扜弓而射之。——《吕氏春秋·壅塞》

    鸿鹄在上，扜弓鞬弩以待之。——《艺文类聚》引《尸子》

    有人方扜弓射黄蛇。——《山海经·大荒南经》

    射者扜乌号之弓。——《淮南·原道》

弩臂亦谓扜：

    惠子曰："羿执鞅持扜，操弓关机，越人争为持的。"——《韩非子·说林下》

鞅、扜、弓、机，四者皆弩所有事 （《春秋》赵鞅字志父，志者，《盘庚上》

云"若射之有志",名鞭字志,疑鞭即弦之中央处,故得与志义相应)。扦可持,故知为弩臂。又弩臂曲,故从于之字如纡、迂,有迂曲义。以上所述于之为弩,说如不误,则殷商之世已用弩射,而弩射之兴,必尚在殷商以前。

铜器从弋者尚有必、叔、鍦、庚、宲数字。宲为人名,义不详。叔与伯叔之叔,在铜器截然有别。铜器从弋之叔如:

易(锡)女(汝)叔市(芾)参同茾心(葱)。——大克鼎

易女叔市金黄。——师嫠殷

册命吴嗣旟众叔金。——吴尊

市为蔽膝,《诗》作芾或韠,《礼记·玉藻》作韨。《玉藻》"一命缊韨幽衡,再命赤韨幽衡,三命赤韨葱衡",据此知叔市,即指市之颜色言,或与《玉藻》之缊韨相当。吴尊"叔金"亦指颜色言(师嫠殷"叔市金黄",叔金皆指颜色言,黄衡同字,又作珩),此皆与弋射无关。

必从弋,余旧以为象柲形(见《耒耜考》),说误。必者当为柲之本字。《考工记·庐人》"戈柲六尺有六寸",注"柲犹柄也"。柲之为柄,当为弩臂引申之义。《仪礼·既夕礼》"明器之弓有柲",注以为即《诗·小戎》"竹闭绲縢"之闭(注引闭作柲):

柲,弓檠也,弛则缚之于弓裏,备损伤也,以竹为之;《诗》云"竹柲绲縢",今文柲作柴。

又《考工记·弓人》:"辟如终绁。"注以绁为闭(注引作柲):

绁，弓靮……弓有靮者，为发弦时备顿伤。《诗》
　云："竹柲绲縢。"

注并以柲、绁为弓檠，檠正弓弩之器，又有排檠、榜檠、辅檠
诸称：

　　繁弱钜黍，古之良弓也，然而不得排檠，则不能自
正。——《荀子·性恶》
　　彼十钧之弩不得棐檠，不能自正。——《管子·轻
重甲》
　　乌号之弓虽良，不得排檠，不能自正。——《说苑·
建本》
　　榜檠者，所以矫不正也。——《韩非子·外储说右》
　　若隐栝辅檠之正弧剌也。——《盐铁论·申韩》

柲、闭、排、榜、辅古邦滂并母，同为唇音字，故得相通。弓檠
名柲，当亦由有柄得名。
　　鍨、庾之偏旁臾，古与曳无别（说详拙著《陈侯四器考释》）；《说
文》于臾、曳字形并失，而释之云：

　　臾，束缚捽抴为臾曳（曳从段注补）。
　　曳，臾曳也。

臾曳字从𢍽，故弓弩得名庾（字又作臾）。《周礼·司弓矢》：六弓四
弩，有夹、庾、唐、大诸称。《考工记·弓人》"夹臾之属利射侯
与弋"，皆弓名臾之证。许谓束缚捽抴者，臾曳从𢍽从Ө，Ө疑即

弋射与弩之溯源及关于此类名物之考释

137

象束缚弓弩形。又弓弩可以引张，故臾曳有捽拽义。又从曳之字多与从世之字通用，如拽或作拽，枻或作柿，洩或作泄，绁或作绁，故绁（或柿）之为弓檠，当即由曳通假得义。

五、弩机与枢机

弩所用机可别为两类：（1）弩机，（2）枢机。

弩机铜制，今出土者极多，其构造大致均相同。《释名·释兵》云：

> 弩怒也，有执（势）怒也；其柄曰臂，似人臂也；钩弦者曰牙，似齿牙也；牙外曰郭，为牙之规郭也；下曰县刀，其形然也；合名之曰机，言如机之巧也；亦言如门户之枢机，开阖有节也。

此文论机之结构特详（自钩弦以下皆谓机）。茅元仪《武备志》载有《法古制铜弩机散图》，其各部分名称，据同书《法古制铜弩机散图》说云：

> 今曰机钩，古曰牙；今曰照门，古曰规；今曰匣，古曰郭；今曰拨机，古曰悬刀；今曰垫机，古无名。

规，《释名》统谓规郭，《文选》潘岳《射雉赋》云"良游呃喔，引之规里"，徐爰注"诱引令入可射之规内"，即此所谓规，沈括《梦溪笔谈》卷十九称之为望山。此诸名称，与《吴越春秋》所载

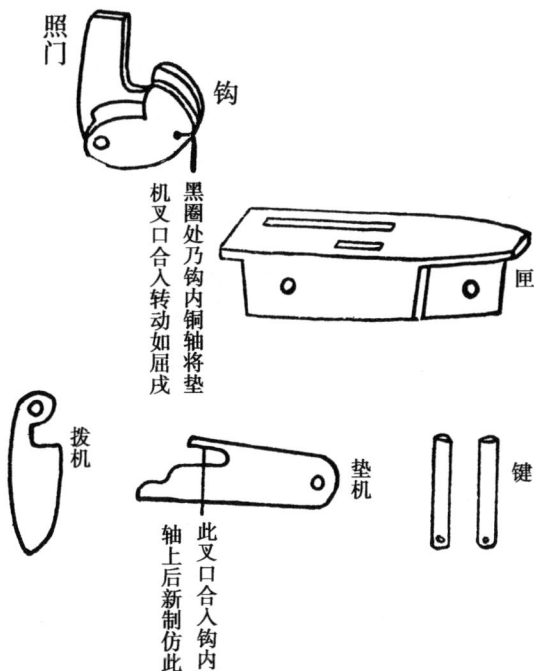

照门　钩

机叉口合入转动如屈戌　黑圈处乃钩内铜轴将垫

匣

拨机　垫机　键

此叉口合入钩内　轴上后新制仿此

法古制铜弩机散图

又互有同异。《吴越春秋·勾践阴谋外传》云：

> 越王曰："弩之状何法焉？"陈音曰："郭为方城，守臣子也；教为人君，命所起也，牙为执法，守吏卒也；牛为中将，主内里也；关为守御，检去止也；锜为侍从，听人主也；臂为道路，通所使也；弓为将军，主重负也；弦为军师，御战士也；矢为飞客，主教使也；金为实敌，往不止也；卫为副使，正道里也；叉为受教，知可否也；缥为都尉，执左右也；敌为百死，不得骇也，鸟不及飞，兽不暇走，弩之所向，无不死也。臣之愚劣，道悉如此。"

此举弩及矢之各部分名称极详，曰臂，曰弦，曰郭，曰牙，与《释名》同。曰教即《武备志》所谓照门，古所谓规。此文言教者三：（1）教为人君，命所起也；（2）矢为飞客，主教使也；（3）又为受教，知可否也。此与前述《礼记·缁衣》郑注"机间视栝……参相得乃后释弦发矢"语，可互为证明。郑谓机间即教，郑谓栝即又（《释名·释兵》云："栝，会也。与弦会也。栝旁曰又，形似叉也。"）。由教视叉，然后发矢，故教为人君，又为受教，矢马教使。关，《释名》谓之悬刀。牛疑即《武备志》之键，机必有键，始可转动开阖，键者内部之枢纽。牛古之部字，纽古幽部字，汉人韵文之幽部字多通协，又十二支之丑为牛，故牛纽得相通。锜，张衡《西京赋》云："武库禁兵，设在兰锜。"李善注：

> 锜架也，武库天子主兵器之官也，善曰："刘逵《魏都赋·注》曰，受他兵曰兰，受弩曰锜。"

锜为架弩之用，故为侍从。矢为飞客以下统皆谓矢。金为镞。卫为羽，《释名》："矢其旁曰羽，齐人曰卫。"缥疑即干，《释名》："矢其体曰干，言挺干也。"干又名藁，《周礼·藁人》："箭干谓之藁。"古缥、藁同为宵部字，故得相通；缥为干，故可执以左右。据此所述，弩机之用，大致即与今平市所售之弩弓同。弩弓所用之机有牙与悬刀，其郭即就臂镂空为之，其规即以斗牌代之，其主要部分无不与古弩机同。余疑此即原始弩之遗存者。出土弩机所以无战国以前物者，其故亦可推知；即此种简单弩机，易为人所忽略，或此期弩机尚无用铜制者。《说文》："橛，弋也。"朱骏声注云："凡竖木而短者皆得曰橛；谓竖木而短，正象机在臂上之形，疑即木制之机。或以角为之，字又作觼，《说文》：'觼角有

所触发也。'谓有所触发，正象发机时之动作。"茅元仪《武备志》
载明代弩机，仍多以鹿角为之：

> 今四方擅弩之地，而皆不用古机，惟以鹿角为机。

此当即因仍原始弩机之旧习。《释名》谓机牙似齿牙，盖原始弩机
以角骨为之，角骨似齿牙，故谓之牙。及战国之末，竟为争战，
弩机之制渐趋完善，然狩猎所用，或仍保存原始形制。唐、宋以
来古战阵用之弩机既已不传，而此狩猎用之弩机如今之弩弓者，
或得保存于今。盖现代人类用具之保存数千年以前之形制者，所
在多有，如近代火车轮船盛行之后，而大车帆船仍沿用不废，其
制亦与数千年前无异。

　　枢机之构造，全与弩机不同。前人皆知有弩机，而不知有枢
机。古书言枢机者，注家多释枢为户枢：

> 言行君子之枢机，枢机之发，荣辱之主也。——
> 《易·系辞》（《释文》"枢，门曰"，又引王廙注 "枢，户枢"）
> 言如门户之枢机，开阖有节也。——《释名·释兵》

此因历来注家仅知有户枢，而不知有枢机，故凡言枢机者皆误谓
户枢。《易·系辞》云"枢机之发"，凡言发者，绝不能指为户枢。
古谓发或发机，皆指弩射言，如：

> 若将有大寇乱，盗贼将作，若机辟将发也。——
> 《墨子·非儒下》
> 其发若机栝。——《庄子·齐物论》

　　　势如矿弩，节如发机。——《孙子·势篇》

　　　鸿鹄在上，扦弓韣弩以待之，若发若否。——《尸
子》（《艺文类聚》引）

　　　其用之也若发机。——《淮南·原道》

《说文》"机，主发谓之机"，亦指弩射言。段注谓机为织具。织具不能主发，其说误。《新序·善谋》云："枢机之发，间不及旋踵。"此枢机绝不能释为户枢，释为织具。《吴越春秋》卷九陈音论弩之原起云：

　　　琴氏以为弓矢不足以威天下……乃横弓著臂，施机
设枢，加之以力。

此枢机明指弩射而言。《鬼谷子·飞箝》云："料气势为之枢机以迎之随之。"枢机可迎可随，亦当指弩射言。余以今平市所售之弹弩，或连珠弩，即古枢机之遗制。《管子·枢言》注云：

　　　枢者，居中以动外，动而不穷者也。

此谓枢犹如几何学上之作圆。凡作圆必取一中点以为圆心，凡圆必可转动不穷，故枢有中枢义，有户枢义。今弹弩所用之拐子，于臂上取一中点，而向前后转动之，其作用与枢之含义全同。故此常名为枢，合匣上之机牙言之，则当名为枢机。枢机之名称，据上所述，见于《易·系辞》《新序》《吴越春秋》《鬼谷子》诸书，皆为汉人所作（东汉末年，《释名》之作者刘熙，已不识枢机）。《系辞》旧称孔子作（见《史记》《汉书》《论衡》诸书，其说全不足据，参看《古史辨》

第三册），余意此书当出汉人手笔，兹取两事论之：（1）西晋时出土之汲冢书，有《周易》上下篇（即卦爻辞）而无《系辞》：

> （汲冢书）《周易》及纪年最为分了，《周易》上下篇与今正同，别有《阴阳说》而无《彖》《象》《文言》《系辞》。——杜预《春秋经传集解后序》

> 其《易经》二篇与《周易》上下经同，《易繇》《阴阳卦》二篇，与《周易》略同，《繇辞》则异，卦下《易经》一篇，似《说卦》而异。——《晋书·束皙传》

汲冢书之《纪年》迄于今王之二十年，今王即魏哀王（说见拙著《陈侯四器考释》），是汲冢书当为魏哀王时物（即公元前 3 世纪）。据此可见系辞必出于此时以后。（2）先秦人著作中常称引《周易》，但无引用《系辞》之文句。引用《系辞》者多见于西汉人书中，如《史记·太史公自序》，《汉书》武帝诏，刘向、歆书、表，王莽《诏书》，《韩诗外传》，《盐铁论》，桓谭《新论》等（《新语》《新书》亦引《系辞》，疑非陆贾、贾生书），据此则《系辞》当出于战国以后、西汉中叶之时。《系辞》既为西汉时书，《新序》旧题刘向作，向亦西汉人。《吴越春秋》旧称赵晔作，晔，东汉人，《鬼谷子》亦汉人伪书，是枢机或即兴于西汉之际。惟今之弹弩可连续发十矢或十弹者，或出于后来损益改进而成。明人谓弹弩为诸葛弩，俗称诸葛皆指诸葛亮言。《三国志·诸葛亮传》注引《魏氏春秋》云：

> 亮……又损益连弩，谓之元戎，以铁为矢，长八寸，一弩十矢俱发。（《艺文类聚·弩部》引《战国策》曰："苏秦为楚合从，元戎以铁为矢，长八寸，一弩十矢俱发。"其文全袭用《魏氏春秋》，

今本《战国策》亦无此语，当系误引。）

今之弹弩是否即诸葛遗制？据《魏氏春秋》所述，有可疑者二：
（1）古之连弩，似不用枢机，《墨子·备高临》篇述连弩之车，有
"以弦钩弦至于大弦"之语；《淮南·泛论训》注："连弩通一弦，
以牛挽之。"《文选·闲居赋》引《汉书音义》张晏云："连弩三
十絭共一臂。"似连弩者，通许多弓弦于一大弦，而以牛或人挽
之。亮所损益者，如为古连弩，则非枢机可知。（2）一弩十矢俱
发，应解为一发十矢，而非连续发十矢，此亦与枢机之发射不同。
据此诸葛弩之名，或后人据《魏氏春秋》十矢俱发之文，附会而
成。此弹弩虽非诸葛遗制，然其钩弦发矢，极见机巧，"即懦夫闺
妇，皆可执以环守其城"（本《武备志·诸葛弩图说》语）。此必非原始之
枢机，其为后来损益改进而成，盖可无疑。

六、弩之名称及其由来

藤田丰八《支那刻石之由来》（见《东洋学报》16 卷 2 号，又《东西交
涉史南海篇》），疑中国之弩源出印度。据藤田之意见，以为当公元前
四世纪时，印度人已用弩从事于战争，其用弩之方法，与中国古
代所谓蹶张相同。又梵言弓为 dhanu，亦与弩之名称相似。《史
记·苏秦列传》记载，韩国所产之名弩谿子，注家以为谿子即南
方蛮夷；故中国之弩当由印度传入南方蛮夷，复由南方蛮夷以传
入中国。拙著《古代狩猎图象考》曾就两方之记载加以比较，以
为中国之有弩远在公元前 4 世纪以前，绝不能遽断其由印度输入；
至弩之名称，始见于战国时人著作中，即公元前 4 世纪之记载，两

方年代适不相先后，或即由印度输入。此说前者谓中国之弩不能断其由印度输入，由上文所述诸端观之，已可证明其说之不误。至于后者谓弩之名称或由印度输入，立论未免疏忽。今并当于下文中详论之。

弩之名称曾见于西周铜器中。兹将此器铭文揭载于此（见上页），并释之云：

> 隹惟正月甲午，王才在縛戻居，王寀令命白倍曰："毋卑俾农弋，吏使乒厥友妻农。"乃秉乒烝，乒小子小大吏事毋又田。农三拜諙首，敢对阳扬王休从。

此器铭文及器形，曾载于《周金文存》卷五中。由其铭文之字体及器之形制纹样观之，可断为西周中叶时物。铭文以弋烝田并言，烝又从弋（拓本偏旁弋左上一小横画，不甚清晰），知为弋射之弩。秉者仓廪，仓廪所以藏谷，疑秉有藏义（《说文》："簠蒦射所藏者也。"段注："此即射雉之弊也，亦谓之廪，《广雅》廪作籂。"按《韩非子·外储说右上》有弋者谨廪之言，其义均与此异）。曰毋俾农弋，曰藏其弩，曰毋又田，文义正相承。据此在西周时即已有弩之名称；是中国关于弩之记载，亦远在印度以前。

古之称弩，似不限于有臂之弓。石矢镞亦得名砮。《国语·鲁语》云：

> 仲尼在陈，有隼集于陈侯之庭而死，楛矢贯之，石砮，其长尺有咫。陈惠公使人以隼如仲尼之馆问之，仲尼曰："隼之来也远矣，此肃慎氏之矢也。昔武王克商，通道于九夷百蛮，使各以其贿来贡，使无忘职业，于是肃慎氏贡楛矢、石砮，其长尺有咫。先王欲昭其令德之致远也，以示后人，使永监焉，故铭其栝曰'肃慎氏之贡矢'，以分大姬配虞胡公而封诸陈。古者分同姓以珍玉，展亲也，分异姓以远方之职贡，使无忘服也；故分陈以肃慎氏之贡。君若使有司求诸故府，其可得也。"使求，得之金椟，如之。

东夷用石镞，至魏晋时犹然。《魏志·东夷传》云："挹娄……矢用楛，长尺八寸，青石为镞，古之肃慎之国也。"据此《鲁语》所载虽属传说，然其谓东夷用石镞，则为事实。又《禹贡》载梁州贡砮磬，荆州贡砮丹，《伪孔传》云："砮石中矢镞。"是东夷及梁荆并有石镞，而皆名砮（今蒙语弓为 nomo，音亦近弩，当为古语之遗）。又《禹贡》荆州贡箘簬楛；《说文》："箘簬竹也。"《广雅·释草》："箘簬卫箭也。"古竹箭皆可为矢，疑箘簬本为矢名，因名竹箭可以为矢者为箘簬。《战国策·赵策一》：

赵襄子召张孟谈而告之曰："……无矢奈何？"张孟
谈曰："臣闻董子之治晋阳也，公宫之垣，皆以狄蒿苫楚
廧之，其高至丈余，君发而用之。"于是发而用之，其坚
则箘簵之劲，不能过也。

此即谓箘簵为矢，《禹贡》之楛，《伪孔传》谓中矢干，则箘簵当
明指为矢干之用。箘簵产于南方，故为荆州之贡。《吕氏春秋·本
味》篇云"越骆之箘"，注谓箘笋也，即箘簵之笋，箘产越骆，越
骆亦南方国。《说文》箘，段注云：

箘簵二字一竹名，《吴都赋》之射筒也，刘逵曰：
"射筒竹细小，通长，长丈余，无节，可以为矢笴，名射
筒，及由梧竹，皆出交趾、九真。"

段以箘簵为射筒，射筒出交趾、九真，即今之安南，当更在越骆
之南。据此数事观之，弩、笯、簵古音同在鱼部，弩、笯并从奴
声，泥母字，簵从路声，来母字，泥、来母字长江流域之人多不
别，故弩、笯、簵三字当同出一源。《史记·孝武本纪》"路弓乘
矢"，路弓即弩弓。疑名弓或干或镞之为弩、为笯、为簵者，当为
古亚洲民族之通语。其通行区域，北起肃慎，南迄荆、梁、交趾、
九真及印度各地，故 dhanu 一名，绝不能视为印度所独有。

弩古又通名为弓，如：

一心以为鸿鹄将至，思援弓缴而射之。——《孟
子·告子上》
善弋者下鸟乎百仞之上，弓良也。——《吕氏春

秋·功名》

　　蒲且子之弋也，弱弓纤缴，乘风而振之，连双鸧于青云之际。——《列子·汤问》

　　若王之于弋，诚好而不厌，则出宝弓，碆新缴。——《史记·楚世家》

　　楚駤臂字子弓。——《史记·仲尼弟子列传》

此所谓弓皆指弩言，甲骨文及铜器又有弘字，象弛弓有臂形。当为弩之本字。弘之偏旁厶，篆书多从又，作厷。《说文》"厷，臂上也"，厷为臂上，当由象弩臂之弘引申得义。王引之《春秋名字解诂》下云：

　　楚駤臂字子弓，弓读为肱，古字弓与弘通。《乡射礼》"侯道五十弓"，郑注云："今文弓为肱。"昭三十一年《春秋》"邾黑肱以滥来奔"，《公羊》作黑弓（又郑公孙黑肱字白张，肱亦谓弓）。

費弘匜	守毁	毛公旅鼎	颂	颂壶	秦公毁

毛公鼎	前五·一五	前五·一五	前五·一五	前五·六

据此弘之象弩形，似可无疑。弘见于甲骨文及西周铜器，故据现有之史料言，中国之有弋射与弩，当远在殷、周以前，史载中国

之南方民族，多用弩，其最早之记载如《汉书·地理志》云：

> 粤地……自合浦徐闻南入海，得大州，东西南北方
> 千里，武帝元封元年略以为儋耳、珠崖郡，民皆服布如
> 单被，穿中央为贯头。男子耕农，种禾稻纻麻，女子桑
> 蚕纤绩。亡马与虎，民有五畜，山多麈麠。兵则矛、盾、
> 刀、木弓弩、竹矢，或骨为镞。自初为郡县，吏卒中国
> 人，多侵陵之，故率数岁壹反。元帝时，遂罢弃
> 之。……自夫甘都卢国船行可二月余，有黄支国，民俗
> 略与珠崖相类。

汉之儋耳、珠崖郡，即今之海南岛。《汉书》所述其地习俗，如服
布如单被穿中央为贯头，绝非中原所有。其地又无马与虎，知尚
未受中原文化影响。又黄支国民俗略与珠崖相类，黄支国之所在，
据藤田丰八《前汉关于西南海上交通之记录》（见《艺文》第五年十及
十一号，又《东西交涉史南海篇》）以为，即《新唐书·南蛮传》之千支
佛，并以今印度之 Conjeveam 拟其地。其俗略与珠崖相类者，当指
服饰用具言，《后汉书·南蛮传》云：

> 凡交趾所统，虽置郡县，而言语各异，重译乃通，
> 人如禽兽，长幼无别，项髻徒跣，以布贯头而著之。

此以布贯头之习惯，大概即为自黄支以东以至儋耳、珠崖等南方
民族所同有者。珠崖用弩，当即南方民族素来所习用者。故弩之
在南方，亦当有极悠远之历史。吾人如据此两方之史料论之，实
不能断定此最初使用弩之民族之为汉族，抑为印度或其他南方民

族。虽然，弩之为用，在中原不独用之发矢，且可用以发弹。吾人如就弹之使用言之，关于此问题当不难得一解决之途。《吴越春秋》卷九谓："弩生于弓，弓生于弹。"此说虽属臆测，然弓之有臂，实于弹为尤便。盖弹之发射必斜引之，其丸射出时所行之道，适与臂之位置相同。有臂以发弹，使初习射者，可不至有自弹之危险。至于矢之发射，则无此种顾虑。故弓之有臂，最初当为弹而设。而弹则中原所独有。史载中国南方民族，皆有弓弩而无弹；北族亦无弹，见发弹射鸟，则以为引空弓而落飞鸟，《魏书·始祖神元帝纪》云：

> 始祖闻（文）帝归，大悦，使诸部大人诣阴馆迎之，酒酣，帝仰视飞鸟，请诸大人曰："我为汝曹取之。"援弹飞丸，应弹而落。时国俗无弹，众咸大惊。……始祖问曰："我子（文帝）既历他国，进德何如？"皆对曰："太子才艺非常，引空弓而落飞鸟，是似得晋人异法怪术，乱国害民之兆，惟愿察之！"

前五·八	前五·八	前五·八	前五·九	前五·八

此可见南北各民族均无弹。印度亦无弹。至中国之有弹，亦远在殷商以前。甲骨文有弹字，象弹之形。《说文》弹或作弓，从弓持丸，与甲骨文弹字形同。又殷虚有红土所作弹丸甚多，其大小形制与现今平市所售之弹丸无殊，当即商代弹弓用之弹。又弋射所用之缴系丝制，丝亦中原所产。据此而言，最初用弩之民族，当

即居住黄河流域之中原民族。南方民族及印度之用弩，疑当由中国输入。

七、关于弋射之事物及弋射衰歇之故

弋射盛于魏晋以前，关于弋射之事物，其为上文及拙著《古代狩猎图象考》所未及者，兹再述之如次。

古代弋射除具矰缴、弓弩、礇碅之外，又有所谓廪者，如：

> 桓公弋在廪，管仲朝，公弛弓脱靬（疑当作靬，即杆字）而迎之。——《管子·戒》
>
> 田子方问唐易鞠曰："弋者何慎？"对曰："鸟以数百日视子，子以二目御之，子谨周子廪。"田子方曰："善！子加之弋，我加之国。"郑长者闻之，曰："子方知欲为廪，而未得所以为廪，夫虚无无见者廪也。"一日齐宣王问弋于唐易子曰："弋者奚贵？"唐易子曰："在于谨廪。"王曰："何谓谨廪？"对曰："鸟以数十目视人，人以二目视鸟，奈何其不谨廪也，故曰在于谨廪。""然则为天下何异为此廪？今人主以二目视一国，一国以万目视人主，将何以自为廪乎？"对曰："郑长者有言曰：'夫虚静无为而无见者，其可以为此廪乎！'"——《韩非子·外储说右上》

《文选·射雉赋》徐爰注："廪翳中盛饮食处，今俗呼翳名曰仓也。"字又作簾；《说文》："簾雉射所蔽者也。"段注："此即射雉之翳也，亦谓之廪。"《广雅》廪作箖（案《广雅·释器》云"籚簲箖翳也"）；是翳为总名，而廪为翳中盛饮食处，析言则异，统言则不别。翳之制，据《文选·射雉赋》："尔乃擎场挂翳，停僮葱翠。"徐爰注云：

> 擎者开除之名也，今伧人通有此语；射者闻有雉声，便除地为场，挂翳于草；停僮，翳貌也，葱翠，翳色也。

据此翳当以竹制，故其色葱翠而籚箖字并从竹。《新序·杂事》篇云："不知弋者选其弓弩，修其防翳，加赠缴于其颈。"《新序》此文，乃取于《战国策·楚策》而略异其文，防翳，《楚策》作荓卢，古或以荓卢为之（《左传·昭二十年》："郑国多盗，取人于萑苻之泽。"荓苻同，《说文》从艸之字，籀文多从茻，苻卢、萑苻，蒮苇之属）。

《说文》又有䉤、䉬字，说解并云："雉射收缴具。"段注云：

> 按两字同义，盖其物名䉤䉬，上字当云䉤䉬雉射收缴具，下字当云䉤䉬也。

䉤、䉬字仅见于此，东汉当有其物。

战国有佐弋之官，《韩非子·外储说左上》云：

> 卫人有佐弋者，鸟至，因先以其裙麾之，鸟惊而不射也。

汉武更名左弋为佽飞，《汉书·百官公卿表》云：

武帝太初元年更名……左弋为佽飞……佽飞掌弋射，
有九丞两尉。

佽飞之义，据《汉书·宣帝纪》注云：

服虔曰："周官度江，越人在船下负船，将覆之，佽
飞入水杀之，汉因以材力名官。"如淳曰："《吕氏春秋》：
荆有兹非，得宝剑于干将，度江中流，两蛟绕舟，兹非
拔宝剑刺两蛟，杀之，荆王闻之，任以执圭，后世以为
勇力之官。兹佽音相近。"臣瓒曰："本秦左弋官也，武
帝改曰佽飞，官有一令九丞，在上林苑中，结缯缴，弋
凫雁，岁万头，以供祀宗庙。"许慎曰："佽便利也，便
利缯缴，以弋凫雁，故曰佽飞，《诗》曰'抉拾既佽'者
也。"师古曰："取古勇力人以名官，熊渠之类是也，亦
因取其便利轻疾差飞，故号佽飞，弋凫雁事自使佽飞为
之，非取飞鸟为名，瓒说失之。"

此注服虔、如淳、师古并以为人名，即取古勇人以名官。瓒说佽
为便利，飞为飞鸟，谓便利缯缴以弋凫雁，故曰佽飞。余意弋以
射飞为主，佐弋名佽飞，则飞自当指飞鸟言。古人有以事为名者，
如长沮、桀溺、荷蓧、接舆之类皆是，荆之兹非其初或由佐弋得
名，亦未可知。师古谓瓒说失之，未允。
　　弋射之事至东晋以后乃渐趋衰歇，潘岳《射雉赋序》云：

余徙家于琅邪，其俗实善射，聊以讲肄之余暇，而
习媒翳之事，遂乐而赋之也。

徐爱注云：

> 媒者，少养雉子，至长狎人，能招引野雉，因名曰媒。
> 翳者，所隐以射者也。晋邦过江，斯艺乃废，历代迄今，
> 寡能厥事；尝览兹赋，昧而莫晓，聊记所闻，以备遗忘。

潘岳西晋时人（约 3 世纪末），徐爱刘宋时人（约 5 世纪中），相去仅百有余年。而此弋射之事，在潘岳作赋时，称其俗实善射，则其时之盛行可知。及徐爱作注乃云"历代迄今寡能厥事"，则其废似又甚久。此数千年来相传之旧俗，何以在此百余年间骤然衰歇？此其故乍观似不易索解，然据上文推之，则亦不难摘发其覆。

余于上文曾断定弋射原于黄河流域之中原民族，北族及南蛮均无此习惯。此种状况迄至魏晋时代，当仍无改变。西晋之末，胡、羯、鲜卑迭主中原，骑射为胡俗所长，自不屑效华人为弋射；而华人舍其旧习，沾染胡风，亦为此时之风尚。《颜氏家训·教子篇》云：

> 齐朝有一士大夫，尝谓吾曰："我有一儿，年已十
> 七，颇晓书疏，教其鲜卑语及弹琵琶，稍欲通解，欲以
> 此伏事公卿，无不宠爱，亦要事也。"

此可见当时风尚之一斑。至于随晋室以南渡者，多属中原士族，雅尚清谈，于弋射原所不娴，以故此中原之旧俗，终不能随晋人而移植于江南。弋射之风遂于此百余年间，骤然消歇。今欧风东渐，新旧之消长又不啻什伯于此，比例以观，则弋射消歇于此时，适为当然之事。

八、弩之强弱及其他相关之事

弩之强弱，以钩石计。《管子·轻重甲》有十钧之弩，出土汉弩机所镌有四石、六石、七石、八石者（参看容庚《汉金文录》卷六）。《礼记·月令》郑玄注云：三十斤曰钧，百二十斤曰石，是十钧之弩仅得汉弩之二石半。古弩力之悬殊如此者，当由于开弩时所用之方法而异。弩以足开者曰蹶张，以手开者曰擘张。蹶张力较强。又有以腰开者，乃系绳于腰，以增加蹶张之力。明茅元仪《武备志》云：

> 弩之力腰开者可十石，蹶张者可二三石，古所云弓之强者，不及也。晋马隆平树机能犹借腰开弩，至宋而其法不传。……近世程宗猷得古铜机，斟酌竹弩而为古弩，然皆蹶张弩也。宗猷又自以其意，合古人之说而为腰开弩，强者可十石，下者亦可七石，此千载久废之器，复启于斯人。

此所谓蹶张，乃系绳于弩臂之一端，而以足踹而张之，与汉武梁祠画像所镌之蹶张不同。武梁所绘一人坐地，两足分置臂之两旁，前抵弓，两手钩弦，向后引之，与《武备志》所图腰上弩弦之形较，惟不系绳于腰，余大致相同。疑《武备志》所谓蹶张，即古之擘张，而汉弩机自四石以至八石者，当即所谓蹶张。腰开之法其力仅略胜蹶张，不必即出汉代以后，《晋书·马隆传》云：

> 隆限募腰引弩三十六钧，弓四钧，立标简试，自旦
> 至中得三千五百人。……于是西渡温水。虏树机能等以
> 众万计，或乘险以过隆，或设伏以截隆，后隆……且战
> 且前，弓矢所及，应弦而倒。

此腰引即《武备志》之腰开。三十六钧计得九石，四钧计得一石。据此及上文，知古代弓弩强弱相差之数。此谓腰引弩九石，《武备志》谓腰开强者十石，下者七石，与汉代蹶张之七石八石者，直无若何差别。或汉代七石八石弩，已用腰开，亦未可知。又《吕氏春秋·壅塞》篇载：

> 齐宣王好射，说人之谓己能用强弓也，其尝所用不
> 过三石，以示左右，皆试引之，中关而止，皆曰："此不
> 下九石，非王其孰能用是！"

此所谓三石之弓非弩不能当之。古弩亦通称弓，说已见前。至九石乃与马隆腰引弩之力同，尤非寻常强弓所能及。疑战国之末年，即作《吕氏春秋》时，或已有腰开弩，故当时传说，得以此为誉（古今度量虽不一，但亦不能相差过远）。

出土弩机，大致均可视为蹶张之弩上所用者。此种弩机，就其所镌之文字观之，其年代约自战国之末，迄于魏晋之际，千有余年。疑此期即为蹶张盛行之时。至唐代则盛行擘张。《唐六典》载弩制有七，而擘张居第一。《通典》弩部云：

> 弩古有黄连、百竹、八担、双弓之号，今有绞车弩
> 中七百步，攻城垒用；擘张弩中三百步，步战用之；马

弩中二百步，马战用之。

此所述诸弩，黄连即大黄参连弩之省称，百竹即积竹以为弩担（参看《武备志·造弩担用竹说》，此所谓担，即弓），八担或指用竹之数，双弓当即《武备志》之合蝉弩（谓两弓相合如蝉形），绞车弩或即古连弩车之类。据此所述，当时步兵所用仅擘张，知其时之蹶张，业已式微。擘张中三百步，仅及蹶张之半（《史记·苏秦列传》谓韩有谿子、少府、时力、距来，皆射六百步之外），其力既弱，机之构造当不须如蹶张之复杂。故出土遗物中无晋以后之弩机。晋以后蹶张所以式微而擘张代兴者，亦有故。《通典》弩部又云：

弩之张迟不过一二发，所以战阵，不便于弩。

蹶张力虽强而张迟，不便于战阵，故力弱之擘张，得以代之。宋代盛行之神臂弓，亦擘张之遗制。

汉以来弩有名大黄者，其力最强。《六韬·军用》云：“陷坚陈，败强敌，用大黄参连弩。”《史记·李将军列传》云：“广身自以大黄射其裨将。”《集解》引郑德曰：“黄肩弩渊中黄朱之。”又引韦昭曰：“角弩色黄而体大也。”《索隐》案云：“大黄间弩名，韦昭说是也。”此谓大黄即黄间，间又作肩，黄谓弩渊中之色（渊即弣之两旁曲处），张衡《西京赋》云“黄间机张”，潘岳《射雉赋》云“奉黄间以密毂”，皆谓此。黄间之外，又有紫间赤黑间之名。陆机《七导》云：“操紫间之神机。”《积古斋钟鼎彝器款识》卷十有中郎将曹悦赤黑间弩机，似皆就其色之不同而异其名者。《武备志·诸弩图说》云：

　　古人自踏张者，其饰有黑漆、黄白桦、雌黄桦，稍小则有跳镫弩、木弩，跳镫弩，亦曰小黄，其用尤利。

此诸弩名称，皆就其饰言（桦，木名，可以饰弓，《汉书》司马相如《上林赋》"华枫枰栌"注，师古曰"华即今之皮贴弓者也"），小黄或即大黄而小者。

　　张弩古称曰彀，其字本当作钩，亦作句，音转为彀。《释名》云"钩弦者曰牙"，《仪礼·大射仪》云"右巨指钩弦"，《诗·大雅·行苇》"敦弓既句"，张衡《东京赋》易之曰"雕弓既彀"。王引之《春秋名字解诂》上云：

　　　　楚王子钩字发，成十六年《左传》囚楚公子茷，《正
　　　　义》曰："《晋语》谓之王子发钩，盖一名一字也。"
　　　　……钩读为彀，《尔雅·释诂·释文》："彀古豆反，一音
　　　　古侯反。"古侯反则音钩矣。颜师古注《汉书·冯唐传》
　　　　曰"彀音沟"，沟与钩同音。

此称张弩曰钩、曰彀，意指钩弦，仍与张弓无异。战国以来，弩力渐强，彀不足以尽张弩之义，乃易彀而为强，字又作彉、作彍。《方言》一："张小使大谓之廓。"钱绎《笺疏》云：

　　　　《说文》："彉，满弩也，读若郭。"《广雅》"彉张
　　　　也"；曹宪音廓，《淮南·兵略训》云"疾若彉弩"，《孙
　　　　子·兵势》篇云"势如彉弩"，《汉书·吾丘寿王传》"十
　　　　贼彍弩，百吏不敢前"，张晏音郭，颜师古注"引满曰
　　　　彍"，《太平御览》引《尸子》云"扞弓彍弩"，彍彍并
　　　　与彉同。《公孙丑》篇"知皆扩而充之矣"，赵岐注"扩

廓也"，孙奭《音义》引丁公著云"扩张大也"，义并与廓同。

此释彉最为详尽，此虽一字之改易，而弩力之加强，亦可因此而窥见其消息。

九、余 论

弋射与弩，在中国文化上虽占一重要地位，但历来学者从未注意及此，因由此而起之若干名物，在旧注中均失其正解。余于此乃冥行探索，积思如痗，所得虽至仅，然据此以推论殷商以前东方文化之来源，亦不无一隙之明。

安特生于其《中华远古之文化》及《甘肃考古记》两文中，以戈鬲（或鼎）及栗鬶为起于东方之物。最古之弋射与弩，虽无遗物留存于今，然据甲骨文之象形字言之，殷代确已有矰缴与弩之存在。是殷商或其以前，东方所特有者，戈鬲栗鬶之外，又当有矰缴与弩。戈鬲与栗鬶，分布之地，今所知者，仅限于辽宁之貔子窝沙锅屯及黄河流域两岸之地。至黄河流域以南，则概无所闻。近代学者由人种方面，及言语方面，谓中原华族与西藏、缅甸、暹罗诸族关系至近，独于古物方面，则犹缺然无征。

南方民族及印度之用弩，在公元前或公元前4世纪以前，虽无可征，然观其传播之广，则史前之中国，与南方民族及印度诸地，其关系或较有史以后尤为密切。汉以前，中原政权势力，虽未深达于长江流域以南，然不能谓与此方即无交通可言。

上文据弹及弋射之缴断定最初用弩者，当为居住黄河流域之华族，此说之当否，姑不必论，但观使用弩之区域，遍于亚洲之东南，而漠北则绝无此种影响，此种分布状况，必非有史以后之事。盖有史以后，中原华族与漠北之关系，远在南方民族之上；故弩在南方之传播，必在有史以前。从而殷商以前之文化，必受有若干南方文化之影响，其消息不难于此中求之。

此文所据者既为古代之象形字及绘画，固与实物无殊。又今平市现存之弩，与数千年前者相较，其构造容有若干变迁，然就载籍中关于此类之名物言之，大致仍无若何差异。吾先民日常习用之物，如舟车屋宇兵器农具之类，其形制仍保存迄今者，所在多有，其有裨于考古如此类者，必不少。近来外货益深入内地，此类遗物日就湮灭，若不及时搜集，数十年后将无从征考。间尝与友人裘子元、梁思永两先生谈，欲设一博物馆搜集现代地面一切用具之实物或模型。荏苒数载，此愿犹虚。为此文竟，因并及之。总之，此文固以征实为主。其论式与枢机参连，或足以正昔人之误，发千载之覆。其论弗、吊、叔、夷、弟、己、申、弋、弘、必、臾诸字之形体，亦与实物无间，当不至于大误。至于臆测之谈，如于之象弩，秘之为檠榜，弩、䂞、簬、路之名称，钩、彀、弛、𩏡之意义，弩之原起与弋射衰歇之故，及古蹶张之用腰引，虽不易于征实，然亦不失为有理解之假设。余为此文，用力至勤，故为道其甘苦如此；惟博雅君子，有以教之。

1934 年 2 月 19 日写完，在北平北海静心斋

（原载《国立中央研究院历史语言研究所集刊》

第四本第四分，1934 年）

豳 风 说

——兼论《诗经》为鲁国师工歌诗之底本

一、问题之提出

《诗经》为古诗歌之总集。其书网罗十五《国风》，大、小《雅》，三《颂》，三百零五篇古今方俗之诗。其书如何结集而成，实为研究上首当解决之问题。历来解《诗》之家，对此问题，虽未明白提出，但旧文献中隐然有此问题之答案。如：

> 天子听政，使公卿至于列士献诗。——《国语·周语》（《吕氏春秋·达郁》篇略同从省）
>
> 在列者献诗。——《国语·晋语六》
>
> 明王使公卿献诗，以陈其志，遂为工师之歌焉。——《毛诗·卷阿》传
>
> 孟春之月，行人振木铎，徇于路以采诗，献之太师，比其音律，以闻于天子。——《汉书·食货志》
>
> 古有采诗之官，王者所以观风俗，知得失，自考正也。——《汉书·艺文志》

> 男女有所怨恨，相从而歌：饥者歌其食，劳者歌其事。男年六十、女年五十无子者，官衣食之，使之民间求诗：乡移于邑，邑移于国，国以闻于天子。——《公羊传·宣十五年》何休注

案献之与采，本为一事之两面。在此曰献，在彼曰采，原无多大差别。然即此二字之异，亦可显示其说之时代背景。《左传》载春秋时诸侯卿相宴飨交接之际，皆赋诗以言志。《国语》与《左传》成书之年代相当，因此《国语》以下诸书遂有献诗之说。至汉武立乐府，采诗夜诵，有赵、代、秦、楚之讴，于时班、何诸家受其暗示，遂有采诗之说。凡此皆据后起之事而加以缘饰之词，并不能视为《诗经》时代之信史。

汉代又有孔子删《诗》之说。《史记·孔子世家》云：

> 古者《诗》三千余篇。及至孔子，去其重，取可施于礼义，上采契、后稷，中述殷、周之盛，至幽、厉之缺。始于衽席，故曰"《关雎》之乱，以为《风》始；《鹿鸣》为《小雅》始；《文王》为《大雅》始；《清庙》为《颂》始。"三百五篇孔子皆弦歌之，以求合《韶》《武》《雅》《颂》之音。

现存诗文总集，如《文选》《玉台新咏》《乐府诗集》《全唐诗》《全唐文》《全上古三代汉魏六朝文》得之极易。故自文献详备之世言之，删《诗》只是一件极寻常事。但如尚论春秋以前之情况，则大不然。《左传·昭二年》载韩宣子聘鲁，观书于大史氏云：

晋侯使韩宣子来聘，且告为政而来见，礼也。观书
于大史氏见《易象》与《鲁春秋》，曰："周礼尽在鲁矣！"

韩宣子为晋之六卿，当时显宦。然必于鲁之大史氏，而后始能见
《易象》与《鲁春秋》，则当时书籍流传之艰难，亦可想见。再以
汉代之事例之，《汉书·艺文志》载汉代诗歌二十八家三百一十四
篇，其中如《燕代讴雁门云中陇西歌诗》《邯郸河间歌诗》《吴楚
汝南歌诗》《秦歌诗》等，即同书《礼乐志》所载汉武所采赵、
代、秦、楚之讴。当时凭借帝王之力，所得亦仅止此数。则《诗
经》三百零五篇，在彼时已不为少。且《论语》两言"《诗》三
百"（一见《为政》，一见《子路》），《墨子·公孟》篇亦云："或以不丧
之间，诵《诗》三百，弦《诗》三百，歌《诗》三百，舞《诗》
三百。"（此如《子衿·传》云："古者教以诗乐，诵之，歌之，弦之，舞之。"盖诵、
弦、歌、舞虽不同，而《诗》则仍只此三百篇）凡此屡言《诗》三百者，皆
举其成数而言。是知春秋、战国之世，《诗》并无三千余篇之多。
因而删《诗》之说，亦不足据。

据此言之，《诗经》之结集实为一尚未解决之问题。因此《诗
经》中若干连带问题，亦不易得确解。例如《诗经》十五《国
风》，大、小《雅》，三《颂》，以国为别（雅与夏同，亦当作地名解），
其《诗》所涉及之时地，虽大多数可以证明与所标示之国名相应，
但仍有许多例外。如《邶风》《鄘风》，并咏卫事，《唐风》《魏
风》，同为晋诗；《周南》《召南》，《诗序》系之周公、召公，而
《诗》则有平王之称。旧说于此每作曲解，如平王，毛、郑乃以为
平正之王。若此之类，不必列举。至于《豳风》之豳，原为公刘
所居，但《诗》则绝无关于公刘之事。《七月》诗言农桑衣食之本
甚备，农桑实非豳地所宜。《诗序》作者，以《豳风》为周公或美

周公之作。就现存文献中寻其所依据之材料，不外下列三证：（一）《书·金縢》说周公乃为诗以诮王，名之曰《鸱鸮》；（二）《左传·襄二十九年》载，吴季札于鲁观乐，论《豳风》曰："其周公之东乎？"（三）诗中内证，《东山》有"徂东三年"之言，《破斧》有"周公东征"之句。就此三证言，仍无以解释《豳风》所以称豳之故。自大王迁岐，文王迁丰，武王迁镐，周人三次迁都，距居豳之时，年代已远。史载周公经营洛邑，居东，不闻复有居豳之事。《诗序》于《七月》篇勉强牵合周公与豳地之关系，云："周公遭变，故陈后稷先公风化之所由，致王业之艰难。"此为旧时说《诗》者之故态。凡《诗》与《传》说不合，求其说而不得，则谓为"陈古刺今"之作。案《七月》篇历叙一年中农家土风，皆当时之现实生活。如为周公之诗，则应为周公时事，不当以为陈后稷先公风化云云。兹因比较材料之增多，及旧文献得以充分利用，试为剖析论证如次。

二、《七月》所咏农桑非豳地所宜

豳地所在，据《汉书·地理志》载右扶风栒邑有豳乡，《诗》豳国公刘所都。《史记·周本纪》正义又引《括地志》，以为汉漆沮县即《诗》豳国公刘所邑之地。案漆沮《汉志》作漆，莽曰漆治，治或沮之误。其地与栒邑接，漆沮之所自出。《大雅·绵》之诗咏古公亶父由豳迁岐曰"自土沮漆"，曰"率西水浒"；《笃公刘》之诗咏公刘所居曰"豳居允荒"，曰"于豳斯馆，涉渭为乱"，曰"逝彼百泉，瞻彼溥原，乃陟南冈，乃觏于京，京师之野"云云。据此言之，豳地必去漆、渭甚近。旧说《绵》之"率西水浒"即循渭西去。又铜器《克钟铭》云"王亲命克，遹泾，东至京𠂤"，克所制器，相传出于宝鸡县渭水南岸，就出土之地言之，则《大克鼎》之陕原，与《钟铭》之京𠂤，并即《笃公刘》之溥原、京师。据此又知京𠂤原在泾水之东。参互推之，《汉志》所称豳在泾水流域，汉右扶风之地，当属不误。

泾水上游一带，在西周犹为边鄙之邑，有时或且没于獯狁。《史记·周本纪》亦云："不窋以失其官而奔戎、狄之间。不窋卒，子鞠立；鞠卒，子公刘立。公刘虽在戎、狄之间，复修后稷之业，务耕种，行地宜，自漆、沮渡渭取材用，行者有资，居者有畜积，民赖其庆，百姓怀之，多徙而保归焉，周道之兴自此始，故诗人歌乐思其德。"此文虽综括《笃公刘》篇之辞意而极肆铺张，但不免一再称其所在为"戎、狄之间"，似其地在汉代（作《史记》时）犹未全然华化。至先秦旧籍所载，如《孟子》称大王迁岐，由于狄人之迫逐；《六月》诗称"獯狁匪茹，整居焦、获，侵镐及方，至于泾阳"；《虢季子白盘》称"博伐獯狁，于洛之阳"，《不期毁》称"宕伐獯狁于高陵"；据王静安先生《鬼方昆夷獯狁考》以泾阳、洛阳皆当在二水之下游，高陵即《汉志》左冯翊之高陵县，亦在泾水之委。凡此獯狁踪迹所及之地，犹在豳地之南。则是西周之世，豳已数次沦为戎狄之乡。谓如此环境，而能产生若《七月》之诗，畅言农桑耕稼之事，其谁信之？

即退一步言，西周之豳，时或属周，时或属狄，成一进一退之局。其地如已被中国文化，在沦陷未久期间，此等文化或不至骤然衰歇。如《汉书·郊祀志》载汉宣神爵元年美阳得鼎，张敞好古文字，按鼎铭勒而上议云："今鼎出于郿东，中有刻书曰：'王命尸臣，官此栒邑，赐尔旂鸾黼黻雕戈，尸臣拜手稽首，敢对扬天子丕显休命。'"案汉之美阳在岐东，亦属右扶风，与汉之栒邑近。是鼎铭之栒邑即古豳国所在。此为豳地已受周室文化之证。虽然，其地有无农桑，仍是问题。案《豳风·七月》之诗，一则曰"女执懿筐，遵彼微行，爰求柔桑"；再则曰"蚕月条桑，取彼斧斨，以伐远扬，猗彼女桑"；三则曰"十月获稻"；四则曰"昼尔于茅，宵尔索绹，亟其乘屋，其始播百谷"。又《鸱鸮》之诗曰"彻彼桑土，绸缪牖户"；《东山》之诗曰"蜎蜎者蠋，烝在桑野"；凡此等土风，必为民间普遍相续踵行之事，绝非某一时期偶然有此繁盛现象，钱宾四《周初地理考》第三十五节（见《燕京学报》第 10 期）曾指出《禹贡》雍州无筐，又不贡丝。《禹贡》成书至迟当在战国之世。自周初至此，其间虽迭遭战乱；然民间衣食所关，亦不容骤然衰歇至此。且稻亦非雍州所产。《周礼·职方氏》谓雍州宜黍稷，不云宜稻。虽秦、汉以来，赖郑、白渠之灌溉，关中号称沃野，然其事原非前代所有。《汉书·沟洫志》载此两渠之开凿云：

> 韩闻秦之好兴事，欲无令东伐，乃使水工郑国间说秦，令凿泾水自中山西邸瓠口为渠，并北山东注洛三百余里，欲以溉田。中作而觉，秦欲杀郑国。郑国曰："始臣为间，然渠成亦秦之利也。臣为韩延数岁之命，而为秦建万世之功。"秦以为然，卒使就渠。渠成而用溉注填阏之水，溉舄卤之地四万余顷，收皆亩一钟。于是关中为沃野，无凶年。秦以富强，卒并诸侯。因名曰郑国渠。
>
> 大始二年，赵中大夫白公复穿渠。引泾水首起谷口，尾入栎阳，注渭中，袤二百里，溉田四千五百余顷。因名曰白渠，民得其饶，歌之曰："田于何所？池阳谷口。郑国在前，白渠起后。举臿为云，决渠为雨。泾水一石，

其泥数斗；且溉且粪，长我禾黍。衣食京师，亿万之口。"言此两渠饶也。

此两渠在泾、洛之下游，去豳地不远。其地在未凿渠以前，尚为舄卤之区，何从有若《豳风》之农桑环境？

再就居室言之，《七月》有于茅索绹之房屋，《鸱鸮》有桑土绸缪之牖户，此亦与秦地风习不同。《汉书·地理志》云："天水、陇西山多林木，民以板为室屋。及安定、北地、上郡、西河皆迫近戎、狄，修习战备，高上气力，以射猎为先。故《秦诗》云'在其板屋'，又曰'王于兴师，修我甲兵，与子偕行'；及《车辚》《四载》《小戎》之篇，皆车马田狩之事。"此豳、岐以西以北，所居者板屋，所尚者车马田猎；显与《豳风》悬殊。又《绵》之诗曰："古公亶父，陶复陶穴，未有家室。"此为诗人追叙周人迁岐以前、居豳时之状况。《淮南子·泛论训》篇云："古者民泽处复穴。"高诱注："复穴重窟。"钱澄之《田间诗集》云："西北多窟居，皆于峭壁凿窟，内开屋舍，或上下二层，意上即陶复，下即陶穴。"盖西北地势高寒，穴居之风由来已久。迄今秦、陇之间，此风犹盛。张华《博物志》卷三云："南越巢居，北朔穴居，避寒暑也。"穴居即所以避寒，"塞向墐户"直无所用之。以此言之，《七月》所咏，可断言非豳地之土风。

167

三、春秋以前无公子公孙之称

古代王称天子。此一名词殷虚甲骨中尚未见，于周则甚普遍。"王子"之称，初见于《商书·微子》，而《孟子》及《史记·殷本纪》称比干，亦曰王子比干。"王孙"之称，于周初则有王孙牟，见于《左传·昭十二年》。足征此类名词，渊源甚古，至迟当商、周之际即已有之。"公子""公孙"命名之义，虽与天子、王子、王孙无异，但其原起则较晚。

西周之世，诸侯仅有侯、田、男之分，而无所谓五等爵。《尚书·康诰》云："四方民大和会，侯甸男邦采卫百工播民，和见事于周。"《酒诰》云："命庶殷侯、甸、男邦伯。"《顾命》云："庶邦侯、甸、男卫。"《盂鼎铭》云："隹殷边侯田，雩在殷正百辟，率肆于酉，古丧自。"《矢命器铭》云："明公朝至于成周，祉命舍三事命，众卿士寮，众诸尹，众里君，众百工，众诸侯：侯、田、男，舍四方命。"此周初文献述及当时诸侯，惟有侯、田、男而无公与子。邦伯连言，犹言一国之长，仍为通称。盖侯、田、男之称，原为承袭殷人旧制，而伯、公、子三名，则由亲属关系，渐次引申而成。古以伯、仲、叔、季为次，而伯居长，故《说文》云："伯，长也。"《毛诗·载芟》传云："伯，长子也。"封建时代家与国原无区别，如大夫有家，亦俨然一小国。故一家之长，即一国之长。在此制度下，伯之含意，乃由一家之长引申为诸国之长，因而凡为长者皆曰伯，公为尊亲之称，犹汉人之言翁。《广雅·释亲》云"翁，父也"，王念孙《疏证》云：

《史记·项羽本纪》云："吾翁即若翁。"此以翁为父。《方言》："凡尊老：周、晋、秦、陇谓之公，或谓之翁。"此以翁为泛称老者。又汉世公主称翁主。则汉世言翁实即公矣。

案周人称诸侯及王室卿士为公，犹之后世称达官为老爷。清王应奎《柳南随笔》云：

> 前明惟九卿称老爷，词林称老爷，外任司道以上称老爷，余止称爷。

爷本父称，老爷则为祖父之称（犹之古称王父、大父），今北俗犹如此。盖公之与爷，本为尊亲之称，故爵位之最尊者得以是称之。至于子为王子，本为王室一家之称，虽为卑称，但因其为王子之故，仍得引申为爵位之称（此节多采傅孟真《论所谓五等爵》，原文见《集刊》第二本第一分）。

西周之世，伯为诸侯通称，如《尚书》屡称邦伯者是。公则王室卿士一二年辈最尊者之称，如周公、召公、毛公、毕公等是。世降愈下，则前之称伯者以为伯本其固有之称，称伯则不足以示尊敬，则必取其所尊敬者之公之名称称之。故诸侯称公，实盛于春秋之世（指生时之称，若死后称公，则周初即已如此）。此犹明、清之世称达官者，以爷为未足以致其尊敬，故极尊之曰老爷。沿及清季则老爷又不足以致其尊敬，于是乃更尊之曰大老爷、老祖宗。其时代意识，与此似颇一致。此说如信，则所谓"公子""公孙"之称，必为此名普遍以后之事。

证以《史记》《汉书·古今人表》及先秦旧籍，其言及春秋前期之人名，绝无冠以公子、公孙之称者。《诗·召南·何彼秾矣》称"平王之孙，齐侯之子"；此东迁以后平王时代之诗，尚不称"齐公之子"，而曰"齐侯之子"。古铜器铭如《明公尊》《鲁侯角》之称鲁侯，《匽侯旨鼎》之称匽侯，皆西周器。其称公子、公孙者，如《陈公子瓶》云"陈公子叔邍父"，《鯀公子毁》云"鯀公子癸父甲"，《虢文公鼎》云"虢文公子段"，《趞亥鼎》云"宋瑭（庄）公之孙趞亥"，《宽儿鼎》云"苏公之孙宽儿"。此诸器仅《趞亥鼎》之宋庄公见于《春秋》，余无可考；但由铭文字体观之，皆当为春秋时代之器。

古者君为诸侯之通称，如《诗·鄘风·鹑之奔奔》云"我以为君"，《秦风·终南》云"其君也哉"，君皆谓国君。至王则称大君，如《易·师》之上六云"大君有命，开国承家"；《履》之六三云"武人为于大君"；《临》之六五云"知临，大君之宜吉"；铜器铭《征人鼎》云"丙午大君乡口酒在斤，大君商乒征人斤贝"；非余鼎云"内史夆朕大君其万年"；凡此大君皆指王言（铜器大或释天，误）。是王与诸侯皆得称君。古称贵族为君子者，意即指王与国君之子而言。故言君子，则王子、王孙及春秋以来之所谓公子、公孙，皆赅举于此一名词之内。《易》卦爻辞之成书在西周之世，故其辞有君子而无公子、公孙。《诗》之君子，其人皆指当时贵族（如《菁莪》之诗云"既见君子，锡我百朋"，铜器锡贝朋之事甚多，其人无不为贵族）。旧解以为妇人谓夫为君子者，皆不足据。春秋以来公子、公孙之称既已普遍，于是儒家乃以君子为有才德者之称，由贵族之意义引申而为理想之人物。此一名词含义之演变，与公子、公孙之名称，亦有递禅之关系。

铜器铭有公族一名词，一见于《中觯》，云"王大省公族于庚口"；再见于《毛公鼎》，云"命女口嗣公族，雩参有嗣小子师氏虎臣，雩朕褱事，以乃族干吾王身"；三见于师酉殷，云"公族口鳌入右敔"；四见于牧殷，云"公族口入右牧"。此公族之称亦见《诗经》，如：《周南·麟趾》以公子、公姓、公族并列，《魏风·汾沮》以公路、公行、公族并列。《毛传》解公姓为公同姓，公族为公同祖。《魏风》本为晋国之诗，公行、公族实为晋国官秩。《左传·宣二年》云：

> 初丽姬之乱，诅无畜群公子，自是晋无公族。及成公即位，乃宦卿之适子而为之田，以为公族，又宦其余子亦为余子，其庶子为公行，晋于是有公族、余子、公行。

案《诗》所称公族与公子、公行并见，自为意义相关之名词。但上举铜器皆西周物，其所称公族皆王室之官，王室之官而称公族，则非公同祖可知。故此公族与春秋以来所称之公族，其义自别。

四、《七月》诗以介眉寿及万寿无疆之辞非周初所有

《七月》诗"以介眉寿"之介，铜器皆作匄（说见《捃古录·颂鼎释文》）。案铜器叚辞言及祈匄眉寿、万年无疆者，多不胜举。就其年代之可考者言，最早不过共王之世，而厉、宣以后尤为盛行，说见拙著《金文叚辞释例》（见《集刊》第六本第一分）。

万寿连言乃万年眉寿之省称，在铜器中一见于《京叔盨》，云"其万寿永宝用"；再见于《伯百父殷》，云"用夙夕亯，用旂万寿"；三见于《其次句鑃》，云"用旂万寿"（《邿来佳鼎》云"万寿眉其年无疆"，文义错乱，当是伪刻，说另详，前《金文叚辞释例》中未及辩正）；皆春

豳风说

秋时晚出之器。

《七月》诗"万寿无疆",《礼记·月令·孟冬》注引作"受福无疆"。铜器言受福者,如《钜仲簠》云"受无疆福",《号姜毁》云"受福无疆",《曾伯陭壶》云"用受大福无疆",《国差鐕》云"侯氏受福眉寿",《多父盘》云"受害福"。凡此亦皆西周晚叶以后之物。

总以上三事论之,《七月》诗断非周初所有。

五、七月流火非周初天象

火为东方心星(即 Scorplo),春秋之世以三月初昏时出,六月中,七月西流,十月伏。其象并载于《左氏传》。如"昭十七年"云"火出于夏为三月,于商为四月,于周为五月";此记火出之时正为夏之三月。又"昭三年"云"譬如火焉,火中,寒暑乃退";寒暑退正是季夏之时,故《月令》云"季夏火星中",《诗·四月》"六月徂暑",《毛传》云"六月火星中,暑盛而往矣",郑玄《七月》诗《笺》云"大火者寒暑之候也,故将寒先著火所在",盖皆本《左氏》此文为说。又"哀十二年"云:"冬十二月螽,季孙问诸仲尼,仲尼曰:'丘闻之:火伏而后蛰者毕,今火犹西流,司历过也。'"此周之十二月即夏之十月,陈奂《毛诗传疏》据此以释《七月》之诗云:

> 考《尧典》"日永星火,以正仲夏";《夏小正》"五月初昏,大火中";与《诗》《月令》《左传》皆不合。盖大火在唐、虞、夏以五月昏中,六月西流;周以六月

昏中，七月西流；其候逐岁渐差。……《春秋·哀十二年》："冬十二月螽。"《左传》："火伏而后蛰者毕，今火犹西流，司历过也。"杜注云："火伏在今十月，犹西流未尽没，知是九月，历官失一闰。"案火伏在九月，春秋之季火伏在十月，九月犹西流，其候又差矣。此即后世岁差之法。

案《尧典》《夏小正》之作皆出《左传》之后，其五月火星中之说，或据当时不甚精确之岁差法以为推算者。其实五月火星中，乃周初天象。据日本饭岛忠夫《支那古代史论》第二十七章《论书经诗经之天文历法》云："七月流火如为周初之诗，则流火现象应相差一月，若解为公元前三四世纪，则无困难。"（案此现象若略提前至五六世纪，则更与《左传》记载合）是即《七月》非周初之诗之科学的例证。

六、《诗经》为鲁国工歌之底本

顾颉刚先生《论〈诗经〉所录全为乐歌》（见《古史辨》第三册），其间推测之词虽不尽可据，但就其结论言，其说实不可易。《左传·襄二十九年》载，鲁国乐工所歌列国之《风》，大、小《雅》，《周颂》诸诗，其篇第皆今本所有（其间仅《豳风》《秦风》叙次微异）。又《礼记·乐记》云："宽而静柔而正者，宜歌《颂》；广大而静疏达而信者，宜歌《大雅》；恭俭而好礼者，宜歌小雅；正直而静廉而谦者，宜歌《风》。"此《风》《雅》《颂》亦皆《诗经》所有。是《诗经》所录无不可歌之诗。再先秦旧籍载《诗经》中可歌之诗亦复不少，如汇录之，并可为此说之旁证。

豳
风
说

173

再以汉代之事例之,《汉书·艺文志》诗赋目歌诗二十八家三百一十四篇,内有《高祖歌诗》二篇,《吴楚汝南歌诗》十五篇,《燕代讴雁门云中陇西歌诗》九篇,《邯郸河间歌诗》四篇,《左冯翊秦歌诗》二篇,《京兆尹秦歌诗》五篇……凡此诸诗,必为当时乐府署所存之底本(此与清升平署存有大量戏曲底本,事同一例)。《汉书·礼乐志》载汉武立乐府,采诗夜诵,有赵、代、秦、楚之讴。又载哀帝时丞相孔光、大司空何武奏当时之乐工有邯郸鼓员、江南鼓员、淮南鼓员、沛吹鼓员、陈吹鼓员、秦倡员等。汉哀去汉武不及百年,此奏所称乐府制度,尚因汉武之旧。据此三方面之记载参互推之,其间歌诗与乐工之名称虽不尽相当,但就其同者言之:如有《高祖歌诗》则有沛吹鼓员;有吴、楚、汝南歌诗则有楚鼓员、江南鼓员;有《淮南歌诗》则有淮南鼓员;有《邯郸河间歌诗》则有邯郸鼓员;有《秦歌诗》则有秦倡员。其关系之显著,实不容加以否认。且《艺文志》诗赋目于《河南周歌诗》七篇之外,复著录《河南周歌声曲折》七篇;于《周谣歌诗》七十五篇之外,复著录《周谣歌诗声曲折》七十五篇。王先谦《补注》云:"声曲折即歌声之谱,唐云乐句,今曰板眼。"是《汉志》所录各地方俗歌诗,有乐员,有板眼,此非乐府底本而何?以此例彼,若先秦旧籍屡称工歌《国风》《雅》《颂》诗篇,《宋书·乐志》载汉、魏以来《鹿鸣》《驺虞》《伐檀》《文王》犹为雅乐;则是《诗经》所录全为乐歌,亦非过论。

春秋之世去古未远,歌唱之风尤甚发达。《左传》载当时诸侯卿相宴飨会盟之际,犹以赋诗为交际上必须之仪节,如不答赋,则为失礼。如《左传·文四年》云"卫宁武子来聘,公与之宴,为赋《湛露》及《彤弓》,不辞,又不答赋,使行人私焉";此因不答赋,则怪而问之。又如《左传·昭十二年》云:"宋华定来聘，通嗣君也，享之，为赋《蓼萧》，弗知，又不答赋。昭子曰：'必亡！宴语之不怀，宠光之不宣，令德之不知，同福之不受，将何以在？'"此以不答赋而以为有必亡之征。当时对于赋诗之事，重视如此！故当宴飨之际，必妙选人才以胜此任。如《左传·僖二十三年》云："他日公（秦穆公）享之（晋公子重耳），子犯曰：'吾不如衰之文也，请使衰从。'公子赋《河水》，公赋《六月》，赵衰曰：'重耳拜赐。'公子降拜稽首，公降一级而辞焉。衰曰：'君称所以佐天子者命重耳，重耳敢不拜。'"此亦可见当时风尚之一斑。《论语》关于论《诗》之言云：

> 不学《诗》，无以言。——《季氏》
>
> 小子何莫学夫《诗》？《诗》可以兴，可以观，可以群，可以怨；迩之事父，远之事君，多识于鸟兽草木之名。——《阳货》
>
> 诵《诗》三百，授之以政，不达，使于四方，不能专对；虽多，亦奚以为？——《子路》

学《诗》则可以言，可以事父、事君，可以从政，可以使于四方，可以兴观群怨。可知当时关于《诗》之学习，实为人生最迫切之需求。因是《诗》之教学，即为古代教育之开端。案《周礼·春官》列载乐官职掌，如大司乐之职"以乐德教国子，中和祇庸孝友，以乐语教国子，兴道讽诵言语，以乐舞教国子，舞《云门》《大卷》《大咸》《大磬》《大夏》《大濩》《大武》"；乐师之职"掌国学之政，以教国子小舞"；大胥之职"掌学士之版，以待致诸子，春入学，舍菜合舞，秋颁学合声"；大师之职"教以六诗：曰风，曰赋，曰比，曰兴，曰雅，曰颂，以六德为之本"；籥师之职"掌教国子舞羽龡籥";凡此皆以乐官为掌教之人。他书之言及教学者,亦与诗乐有关。《尚书·尧典》云:"帝曰:'夔,命汝典乐,教胄子。'"《礼记·王制》云:"乐正崇四术,顺先王《诗》《书》、礼乐以造士,春秋教以礼乐,冬夏教以《诗》《书》。"《文王世子》云:"春诵夏弦,大师诏之。"又云:"凡祭与养老乞言合语之礼,皆小乐正诏之于东序,大乐正学舞干戚语说命乞言,皆大乐正授数,大司成论说在东序。"凡此亦以乐官任教学之事。至于学者所习,据《礼记·内则》云:"十有三年,学乐诵《诗》舞《勺》,成童舞《象》学射御,二十而冠始学礼,可以衣裘帛,舞《大夏》,惇行孝弟博学。"凡此除射御外,亦无非舞乐之事。

古代教学以诗乐为先有,此颇可以近代苗、瑶间之习俗例之。据刘锡蕃客岁出版之《岭表纪蛮》第十八章云:

> 蛮人无论男女,皆认唱歌为其人生观上之切要问题。人而不能唱歌,在社会上即枯寂寡欢,即缺乏恋爱求偶之可能性,即不能号为通今博古,而为一蠢然如豕之顽民。故每值大集会,各寨常于寨内遴选聪明强记善歌能唱之人,镶金为学费,使往某地某寨向某善歌者习歌。此人亦不远千里而赴之,以求为一寨博荣誉 (原注:此事惟苗山最多)。业成,归而授其同寨男女,日夕不辍。学者心写神会,惟恐或忘,一至会期,乃群出决赛。

此为最原始之教学。以此例彼,可以晓然于古代以教职属于乐官之故。

诗之教学,既为乐官之职,则今本《诗经》必为乐官所传。盖古代典籍不但民众不易接近,即达官显宦亦不易获见,惟典守之官以职业之故，世代相续，而后乃得流传于不坠。故《易》必出于大卜，《书》必出于大史，《诗》必出于大师（即乐工之长）。《汉书·艺文志》论诸子之学无不出于王官，其事与此先后实同一例。

《诗经》既为乐官所传，则必为师工演奏之底本。然当春秋之世，其师工能兼奏若《诗经》中如许古今方俗之乐者，惟鲁国或有此可能。《史记·鲁周公世家》及《礼记·明堂位》载鲁祀周公以天子之礼乐。此所谓天子乐，疑即《周颂》《大雅》《小雅》《豳风》《王风》等。盖鲁出自周，故得用周乐（不必即为成王崇周公之勋劳，而后始命鲁世世祀以天子礼乐）。自周室东迁，邢、卫沦亡，中原板荡之余，礼坏乐崩，惟鲁在东方，晏然未被兵革，又以承袭先代丰厚之遗业，故得蔚为当时文物之中心。观《左传·襄十年》云"诸侯宋、鲁，于是观礼"；又"昭二年"云"周礼尽在鲁矣"；可见鲁国典章文物之盛。《左传·襄二十九年》载吴季札在鲁观乐，对于《国风》《雅》《颂》逐一评骘，《礼记·明堂位》载鲁祀周公于大庙："升歌《清庙》下管《象》，朱干玉戚，冕而舞《大武》，皮弁素积，裼而舞《大夏》，《昧》东夷之乐也，《任》南夷之乐也，纳夷蛮之乐于太庙，言广鲁于天下也。"此鲁人所用之乐，《清庙》见于《周颂》，任，古与南同音，或即指二《南》而言，是《诗经》篇什演奏于鲁国庙堂之证。据此言之，今本《诗经》或即鲁国师工歌诗之底本，其后或参用他国之乐以为校订之资。如《论语·子罕》篇云"吾自卫反鲁，然后乐正，《雅》《颂》各得其所"；此即孔子以卫乐底本，校正鲁乐中之《雅》《颂》。又如《国语·鲁语》云"昔正考父校商之名《颂》十二篇于周大师，以《那》为首"；其说虽不足据（案季札论乐不及《商颂》《鲁颂》，《商颂》似为春秋时作，年代尚在正考父之后，且此当为宋之大师所掌，或后人取以附于《诗经》之末）。但诗之出于大师，亦于此得一佐证。

七、豳乐之特征

《诗经》所录既全为乐歌，凡乐歌不论其或先为徒歌后被金石，或先为声乐后制新词，其乐与诗固不必同出一源。即乐与诗之作者，不必同出一时，同出一地。此如魏晋以来郊庙之乐，率因两汉之旧，而歌词则必新制。如《宋书·乐志》云："晋武帝泰始二年，改制郊庙歌，其乐舞亦仍旧也。"又同书引张华《表》云："按：魏上寿食举诗，及汉氏所施用，其文句长短不齐，未皆合古；盖以依咏弦节，本有因循，而识乐知音，足以制声，度曲法用率非凡近所能改，二代三京袭而不变，虽诗章词异，兴废随时，至其韵逗曲折，皆系于旧，有由然也。"又如近世填词作曲，无不依宋元旧谱以制新词。据此可知诗乐之作，不必同时。又如元魏以来中原乐府，多杂胡乐，观《旧唐书·音乐志》云："后魏有曹婆罗门，受龟兹琵琶于商人，世传其业，至孙妙远尤为北齐高洋所重，常自击胡鼓以和之；周武聘虏女为后，西域诸国来媵，于是龟兹、疏勒、安国、康国之乐，大聚长安胡儿，令羯人白智通教习，颇杂以新声。"又如近世西乐输入之后，凡此例证，俯拾即是。据此又知诗乐之作不必同地。同例，则豳乐与豳诗，其时地亦当分别论之。

豳地所在，旧说皆本于《汉书·地理志》，以为汉右扶风栒邑即其地。最近钱宾四《周初地理考》以为周之初兴当在晋地，先秦旧籍豳或作邠从分，当于汾水流域求之，栒邑之栒亦当从邑作郇，郇瑕氏之地亦在晋。此说综合许多例证，要不失为一种有理解之假定。惟鄙见颇异于此，今举两事论之。

第一，《周初地理考》曾指出《禹贡》雍州无筐，又不贡丝，以为豳地不在雍州之证。此说固不误；但假令豳地在晋，晋属冀州，《禹贡》冀州无筐，又不贡丝，与雍州同。故豳地如不在雍州，亦不当在冀州。如就雍、冀物产论之，冀州农桑，且远在雍州之下。《宋史·地理志》云：

> 陕西路盖《禹贡》雍、梁、冀、豫四州之域，而雍州全得焉。……有铜、盐、金、铁之产，丝、枲、林木之饶，其民慕农桑，好稼穑，鄠、杜、南山土地膏沃，二渠灌溉，兼有其利。
>
> 河东路盖《禹贡》冀、雍二州之域，而冀州为多。……其俗刚悍而朴直，勤农织之事业，寡桑柘而富麻苎，善治生，多藏蓄，其靳啬尤甚。

凡此等民间风习，每有甚悠远之历史，如《汉书·地理志》所论秦、晋之土风，及汉赋所论西都情景有"五谷垂颖，桑麻铺棻"之语，《大雅·瞻卬》之诗，有"妇无公事，休其蚕织"之句，与此仍多相似处。据此言之，如以蚕丝之有无，定豳地之所在，则毋宁谓豳在雍州。

其次，当更举一积极例证，以证明此说。《周礼·春官·籥章》云：

> 籥章掌土鼓豳籥，中春昼击土鼓歙《豳诗》以逆暑，中秋夜迎寒亦如之。凡国祈年于田祖，歙《豳雅》击土鼓，以乐田畯，国祭蜡则歙《豳颂》击土鼓，以息老物。

此篇章所掌土鼓豳籥，皆用之于《豳诗》《豳雅》《豳颂》。土鼓似即豳乐之特征。案土鼓即瓦缶之别名。《周礼·秋官·壶涿氏》"掌除水虫，以炮土之鼓驱之"；郑玄注云："炮土之鼓，瓦鼓也。"盖此所谓鼓，不必具有如后代所谓鼓之形式，凡中空击之有声，可以代鼓之用，或其声与鼓声相似者，均得以此为名。《埤苍》云："籉鼓，柫也。"籉鼓，疑即《楚辞》贾谊《吊屈原赋》之康瓠，籉从桑声，与康古同属阳部，瓠鼓古同属鱼部，故得相通。籉又从壶，器当与壶相似，瓠之形似壶，是壶亦得名鼓。李斯《谏逐客书》云"击瓮叩缶"，缶之中空，较壶尤甚，凡愈空愈巨者，则用其声尤与鼓为近。《易·离》之九三云"不鼓缶而歌"，《诗·陈风·宛丘》之诗，击缶与击鼓并举，则是土鼓之为瓦缶，实为最适当之解释。

　　缶者，《说文》云："瓦器所以盛酒浆，秦人鼓之以节歌。"击缶本为秦乐之特征，故《史记·廉颇蔺相如列传》载秦、赵会于渑池，蔺相如请秦王击缶；《李斯列传》载其《谏逐客书》云："夫击瓮叩缶，弹筝搏髀，而歌呼呜呜快耳目者，真秦之声也。"《汉书·杨恽传》载其《报孙会宗书》云："家本秦也，能为秦声，妇赵女也，雅尚鼓瑟，奴婢歌者数人，酒酣耳热，仰天拊缶而呼呜呜。"凡此皆可见击缶为秦乐特有之征。《谏逐客书》又云"今弃击瓮叩缶而就郑、卫"，则知郑、卫无击缶之风。《易》称鼓缶者，《易》卦爻辞本为西周之书，实为关中旧俗。《陈风》言击缶者，史称武王以元女大姬配陈胡公，或由周人输入。《礼记·明堂位》载鲁人兼用四代之乐，而有土鼓蒉桴苇籥，明非鲁地所固有。据此言之，豳乐之有土鼓，必为雍州之旧乐。以此定豳地之所在，自较他说为长。

八、豳诗之地理背景

上文既证明豳诗豳乐不必同出一地，则豳诗之地理背景，自可于豳地以外求之。傅孟真《周颂说》（见《集刊》第一本第一分）谓《豳》为鲁诗，实有所见。兹更为广其例证如次：

《七月》诗周正与夏正并用，据《春秋》《左传》所载，鲁地正有此等现象。

《东山》诗东山之所在，据王先谦《诗三家义集疏》云：

> 东山者鲁之东山，其先为奄之东山。《孟子》书（《尽心上》）"孔子登东山而小鲁"；阎若璩《四书释地》云"费县西北蒙山在鲁四境之东，一曰东山"；是东山即蒙山，亦即《诗》之东山也。

案山以东、西、南、北为名者，乃各依其都邑所在之方位而言，此等名称所在多有。阎氏以蒙山为东山，与焦循《孟子正义·尽心》章上说同。就鲁之方位言，其说固不可易；但若以释《豳风》之东山，则仍当别寻他证。考鲁自立国以来，屡与徐淮夷构兵，如《书序》云"鲁侯伯禽宅曲阜，徐戎并兴，东郊不开，作《费誓》"；又如《鲁颂·泮水》云"桓桓于征，狄彼东南"；《閟宫》云"奄有龟蒙，遂荒大东，至于海邦，淮夷来同"；又云"保有凫绎，遂荒徐宅，至于海邦，淮夷蛮貊，及彼南夷，莫不率从"；凡此皆鲁人屡世对东方用兵之事。盖春秋以前，徐淮夷之疆域曾远届鲁国之东及滨海之地。《说文·邑部》"邾"下云"鲁东有邾

豳
风
说

181

城";邾、徐古本一字，徐古皆从邑，今出土徐之铜器无不如此。《鲁颂》本为颂鲁僖之诗，鲁于此时，或借齐桓之力而取龟、蒙以东之地。当时徐淮夷之猖獗，据《左传·僖十三年》云"会于咸，淮夷病杞，且谋王室也"；"僖十四年"云"诸侯城缘陵而迁杞焉"；杞与缘陵皆在蒙山迤东。淮夷东侵，远及于此，则蒙山正是鲁国对东方用兵之重镇。《东山》之诗虽不能断为何时之作，但鲁人用师于此，以至淹留三年之久，要为其国防上应有之事。王氏以此诗之东山为即鲁之东山，虽无积极例证，似亦不能视为凿空之谈。

《豳诗》屡言蚕桑之事，较之同书其他诸诗尤为详备，此必其地民间最普遍盛行之事业。案古代蚕桑当以兖地为最盛。秦观《蚕书》云：

> 考之《禹贡》，扬、梁、幽、雍不贡茧物。兖篚织文，徐篚玄纤缟，荆篚玄纁玑组，豫篚纤纩，青篚檿丝，皆茧物也；而"桑土既蚕"，独言于兖。然则九州之蚕，兖为最乎？予游济、河之间，见蚕者豫事时作，一妇不蚕，比屋詈之，故知兖人可为蚕师。今予所书，有与吴中蚕家不同者，皆得之兖人也。

古代兖州蚕业之盛，虽以赵宋之世，吴中茧物犹不足以凌驾其上，盖兖地蚕桑之发达，实有其悠远之历史。《汉书·地理志》谓"鲁地地狭民众，颇有桑麻之业"；又谓"齐地织作冰纨绮绣纯丽之物，号为冠带衣履天下"；同书《贡禹传》载齐有三服官；汉之三服，犹清之织造，三服设于齐，犹织造设于苏；据此知当时惟齐、鲁独擅蚕丝之利，吴地此业，尚不足数。且《禹贡》所称贡与篚，其性质实不同。盖贡则举其地之物产，篚则盛其地之货币。各州之篚互有不同者，乃其通行之货币有异。篚为货币，不必即其地之所产。故论《禹贡》各州物产，必以贡为主。《禹贡》历叙各州之贡，仅兖州及青州之岱畎有丝。兖为鲁地，岱畎为泰山之谷，即齐地。是《禹贡》成书之时（或当战国之世），惟齐、鲁盛产蚕丝，而鲁则更为发达。如"桑土既蚕"之言，独见于兖；丝在兖为全州之贡；此即当时鲁盛于齐之证。至于汉代齐地独以织作著称者，则仍以邻近于鲁之故。盖无鲁地原料之供给，则齐地织作亦不能独盛。据此言之，《豳诗》之作，其背景自以鲁地为宜。

《七月》诗述其地重要农作物有黍、稷、菽、麦、稻等，此等作物亦并见于《鲁颂·閟宫》之诗。其诗云："黍稷重穋，稙稚菽麦。"又云："有稷有黍，有稻有秬。"（秬黑黍）《閟宫》虽咏后稷之事，而实以鲁为背景（《生民》《公刘》《良耜》诸诗出于西周者，其所咏之作物种类，皆与此异）。案《周礼·职方氏》历述各州之土宜，于荆、扬云"其谷宜稻"；于雍、冀云"其谷宜黍稷"；于青云"其谷宜稻麦"；于幽云"其谷宜三种"，郑注"三种，黍、稷、稻"；于兖云"其谷宜四种"，郑注"四种，黍、稷、稻、麦"；于并、豫云"其谷宜五种"，郑注"五种，黍、稷、菽、麦、稻"。据此所述，除并、豫五种全与《七月》相同外，要以兖地所宜，最与《七月》为近。

《豳风·伐柯》之诗云："伐柯如何？匪斧不克。取妻如何？匪媒不得。"此等匪媒不得之严格的婚姻制度，必是最称礼仪之邦的鲁国产物。《孟子·滕文公》章下云："不待父母之命、媒妁之言，钻穴隙相窥，逾墙相从，则父母国人皆贱之。"又《离娄》章上云："淳于髡曰：'男女授受不亲，礼与？'孟子曰：'礼也。'曰：'嫂溺援之以手乎？'曰：'嫂溺不援，是豺狼也。男女授受不亲，礼也；嫂溺援之以手者，权也。'"凡此所述，可以觇知鲁国礼教之严（如在他国，淳于髡恐不如此诘问）。再以《齐风·南山》诗证之。《南山》诗之末二章云：

> 蓺麻如之何？衡从其亩。取妻如之何？必告父母。
> 既曰告止，曷又鞠止？
> 析薪如之何？匪斧不克。取妻如之何？匪媒不得。
> 既曰得止，曷又极止？

《南山》诗与《敝笱》《载驱》《猗嗟》虽列于《齐风》，而实咏鲁事。其"析薪"一章，与《豳风·伐柯》命意遣辞，无不相同，似非偶然。又《左传·襄二十九年》载季札在鲁观乐，《豳》正在《齐风》之次，此盖旧本《诗经》之篇第，似即以《豳》为《鲁风》。《豳风》之"伐柯"，此作"析薪"者，据《礼记·坊记》所引，则仍作"伐柯"。其辞云：

> 《诗》云："伐柯如之何？匪斧不克。取妻如之何？
> 匪媒不得。蓺麻如之何？横从其亩。取妻如之何？必告
> 父母。"

此所引似即综述《南山》诗末二章之辞。《南山》之"析薪"，或系转写之误。盖伐柯、蓺麻，必是鲁地成语，故《南山》诗得引用其辞而诘难之云："既曰告止，曷又鞠止？""既曰得止，曷又极止？"

九、豳诗之历史背景

豳为周人旧居。周之称豳，犹晋之称唐，魏（拓跋氏）之称代，辽之称契丹，元之称蒙古。鲁为周公元子伯禽所封，其就国也，必携有周人旧乐（即豳乐，周乐称《豳风》，犹今梆子称秦腔）与之俱东。此犹之清人入关以后，凡八旗驻防之地，所用礼乐，亦循用建州旧俗。《礼记·明堂位》云："土鼓蒉桴苇籥，伊耆氏之乐也。（案此篇郑注："伊耆氏，古天子有天下之号也。"又《秋官·序官》郑注云："伊耆古王者号。均不著其名。"《曲礼》孔疏引熊安生云："伊耆氏即神农氏也。"《郊特牲·释文》云："伊耆或云即帝尧是也。"《易·系辞》孔疏引《帝王世纪》云："帝尧、陶唐氏、伊祈姓。"伊祈即伊耆，此又以伊耆为帝尧，说各不同；但其乐用土鼓，则出秦中甚明。）拊搏玉磬，揩击大琴大瑟中琴小瑟，四代之乐器也。"又云："凡四代之服器官，鲁兼用之。"此言鲁兼用四代之乐，其中有土鼓蒉桴苇籥。土鼓即豳乐之特征，此即鲁人用豳乐之证。又《左传·襄二十九年》载季札论《豳风》曰："美哉荡乎，乐而不淫，其周公之东乎？"周公之东，正指封鲁而言，不当如旧说解为周公东征。

傅孟真《周颂说》，曾指出《吕氏春秋·音初》篇号称东音之《破斧歌》，正在《豳风》之中。案《吕氏春秋》此篇以《破斧》为东音，《候人》为南音，《燕燕》为北音，《秦音》为西音。今《诗经·破斧》在《豳风》，《候人》在《曹风》，《燕燕》在《邶风》。曹在成周东南，即与二南之地相近（吕书亦云"周公、召公取风焉"）。邶古当作北，铜器有北伯器，多出今河北易县之地。以方位言之，此南北音之分配，当不误。至豳之与秦同出雍州，而一以为东音、一以为西音者；此必吕所据其时西方之幽乐，已为秦音所掩，故以《秦风》为西音；而在鲁者，则以年代之推移，又不免与东土旧乐相混，积久（战国之末）遂成为鲁地固有之乐，因而称为东音。春秋之世，鲁人以此歌其土风，因乐之名以名其诗。此在《诗经》中亦有同样例证。如晋人袭用唐、魏乐，故称其诗曰《唐风》《魏风》；卫人袭用邶、鄘乐，故称其诗曰《邶风》《鄘风》。

"七月流火"乃春秋时之天象（说已见上），即此已可断定其非周初之作。

《鸱鸮》诗之作者，据《尚书·金縢》篇云："周公居东二年，则罪人斯得，于后公乃为诗以贻王，名之曰《鸱鸮》，王亦未敢诮公。"此以《鸱鸮》为周公作，为《诗序》《毛传》以下旧说所本。案《金縢》在今文《尚书》中不类周初文体。《孟子·公孙丑》章上有涉及此诗者云：

> 诗云："迨天之未阴雨，彻彼桑土，绸缪牖户，今此（《诗经》作女）下民，或敢侮予。"孔子曰："为此诗者，其知道乎？能治其国家，孰能侮之？"

《尚书》为儒家所传，此诗如为周公之作，孔、孟不容不见，何至于此复作疑辞。据此知《金縢》之作，必出孟子以后。傅孟真《周颂说》谓："《鸱鸮》之歌流行之地，与《金縢》之产生，必有一种符合，然后才可这样造作成的本事。"盖《金縢》称周公欲以身代武王，及天雨反风禾尽起之说，种种灵异之迹，断非信史所宜有，亦非其党羽或其后裔之言。故此《金縢》篇或即鲁人述其祖德之传说。其以《鸱鸮》诗为征者，则以同出鲁地之故（凡传说之构成类多如此）。故此诗仅可视为鲁地所产，而不能认为周公之作。

《破斧》之诗有"周公东征，四国是皇"（二章、三章作"是吪是遒"）之言，旧说以《豳风》为周公之诗，当以此为最大根据。毛、郑于此更附益以周初之史事。如毛传云"四国：管、蔡、商、奄也"，郑笺云"周公既反摄政，东征伐此四国，诛其君罪，正其人民而已"。此其为说，虽若信而有征；但诗词简略，欲其无疑蕴，自非通观全书词例不可。例如"四国"一词，诗中屡见。其在《崧高》云"四国于蕃，四方于宣"；《抑》云"无竞维人，四方其训之，有觉德行，四国顺之"；此以四国与四方相互为文，四国即四方。《大明》之诗曰"以授方国"，方国同意，故得连言（甲骨文凡称方者如某方，即后人称某国之意）。古盖以四国为东国、西国、南国、北国之总称。如《诗·崧高》云"南国是式"；《左传·成十六年》云"南国蹙"；《诗·韩奕》云"奄受北国"；《书·康诰》云"作新大邑于东国洛"（自西土言，则洛亦为东国）；《公羊·僖四年》云"古者周公东征，则西国怨，西征则东国怨"；《戌鼎》云"广伐南国、东国"；《宗周钟》云"南国𤔲子"；《师寰毁》云"弗迹我东国"。凡此所称四国，犹之后世言东、西、南、北四方。又"中国"一词，亦缘四国而起。《诗·民劳》云："惠此中国，以绥四方。"又云："惠此京师，以绥四国。"《诗》以"中国"、京师与四方、四国并举者，盖言四方四国，必以京师为中心，京师即"中国"之所在。故此诗言四国乃为泛称之词，绝不能以为管、蔡、商、奄四国。因而《破斧》之诗所称"周公东征"，亦不必即为周初之周公。《史记·鲁周公世家》索隐云："周公元子就封于鲁，次子留相王室，代为周公。"案《左传》载春秋之世周公黑肩、周公忌父、宰周公、周公阅、周公楚等，并有周公之称。疑《破斧》之周公，或即与齐桓会于葵丘之宰周公。《春秋经·僖九年》"夏，公会宰周公、齐侯、宋子、卫侯、郑伯、许男、曹伯于葵丘"，此会为当时最有名之史迹。盖五霸以齐桓为盛（说本《孟子·告子》章下）；而齐桓霸业又以此会为盛，当时宰周公以王室之卿士东来莅盟，彰彰在人耳目，其时鲁侯亦与会盟，故鲁人得以歌咏其事。

《九罭》之诗一则曰"公归无所"，再则曰"公归不复"，三则曰"无以我公归兮"。公为国君之称，乃春秋时之通谊。《春秋》书法，于鲁君无不称公。《鲁颂·泮水》云"从公于迈"，公亦谓鲁君。《九罭》之诗又云"我觏之子，衮衣绣裳"，衮衣绣裳，亦是国君之服。如《秦风·终南》之诗云："君子至止，锦衣狐裘，颜如渥丹，其君也哉。"又云："君子至止，黻衣绣裳。"《诗》两称"君子至止"，皆指国君，是知绣裳，为国君之服。又《大雅·韩奕》之诗，咏王锡韩侯以玄衮赤舄，《小雅·采菽》之诗，咏诸侯来朝，王锡以玄衮及黻，即国君服衮衣之证（铜器锡衮衣者亦不少，但此均王室卿士，故不涉及）。诗之本事，似是伤鲁君流离失所，不得复归。案春秋之世鲁昭、哀皆失国，惟鲁昭自二十五年逊于齐，至三十二年薨乾侯，中间屡图复国，如叔孙昭子从公于齐，将安众而纳公，左师展将以公乘马而归，齐、晋、宋、卫之诸侯，亦谋纳公，《左传·昭三十二年》云："公薨于乾侯，言失其所也。"犹与"公归无所"之言相应；若哀公自二十七年由邾如越之后，鲁人即立其子悼公，无复作再归之计。故此如为鲁诗，则必作于昭公之世。

《豳风》之公既为鲁公，则公子公孙亦当为鲁之公子公孙。案《左传》载孝公之子有公子䐗、公子益师、公子展，惠公之子有公子尾，桓公之子有公子庆父、公子牙、公子友，庄公之子有公子遂。此诸公子，其子皆得称公孙，如公子庆父之子称公孙敖，公子牙之子称公孙兹，公子遂之子称公孙归父，叔肸（文公子）之子称公孙婴齐。此诸公孙，其后或以王父之字别之，如公子驱之后称臧孙氏，公子庆父之后称孟孙氏，公子牙之后称叔孙氏，公子友之后称季孙氏，故诗之公子、公孙，必指此辈而言。又案鲁自僖公而后，三桓（即孟孙、叔孙、季孙）代执国政，而季氏尤盛，《左传·昭二十七年》云："季氏甚得其民，淮夷与之。"又"昭三十二年"云："天生季氏，以贰鲁侯，为日久矣。民之服焉，不亦宜乎！鲁君世从其失，季氏世修其勤，民忘君矣。"观此所咏，或即鲁人歌咏季氏之作。《七月》言公子，《狼跋》言公孙，其作诗之年代，亦可准此定之。

十、结　论

兹再就以上所述，为综括之如次：

（1）《豳风》所咏，无关于大王以前或公刘、后稷之事。《诗序》所谓"周公遭变，故陈后稷先公风化之所由，致王业之艰难"云云，在诗中既无内证，在诗外亦无旁证，实为一无据之谈。

（2）"七月流火"应为公元前3、4世纪（或公元前5、6世纪）之天象，确非周初所应有。

（3）公子、公孙为春秋以来最通行之名称（春秋以前称君子）。

（4）金文："以介（丐）眉寿""万寿无疆"或"受福无疆"，皆西周中叶以后或春秋时代最通行之词句。周初或殷、周之际之器，无用此语者。

（5）"四国"据《诗》及旧籍中语例，当作四方解，不当以为周初之管、蔡、商、奄四国。

（6）周公世为王室卿士，《豳风》中之周公，不必即为周公旦。

（7）《鸱鸮》之诗，孔、孟不以为周公作，故《书·金縢》必非春秋以前之书，似为后来鲁人之传说。

由以上七证论之，《豳风》必非西周初年之诗。再次：

（8）豳在周初，其地已数次沦为戎、狄之乡，及汉初犹未全然华化；且秦、汉以前，其地未有郑、白二渠，当仍为舄卤之区，实无从产生若《豳风》之环境。

（9）《七月》诗"塞向墐户"及"索绹""于茅"等，皆为东方未有瓦屋以前以茅茨为盖之风尚，实与秦、豳之板屋穴居不同。

由以上两证论之，《豳风》所咏实非豳地之土风。再次：

（10）《周礼·籥章》载歙《豳诗》《豳雅》《豳颂》皆击土鼓，土鼓即瓦缶，为关中最盛行之土风，是为豳乐之特征。

（11）《礼记·明堂位》载鲁人兼用四代之乐，而有土鼓蕢桴苇籥，即鲁用豳乐之证（鲁为周后，故得用周人旧居于豳时之豳乐）。

（12）《左传》载季札所观之乐，《豳》在《齐风》之次，又以《豳》为周公之东，似即以《豳风》为《鲁风》。

（13）《齐风·南山》诗"伐柯"之喻，与《豳风》之"伐柯"同，《南山》咏鲁事，本应为鲁诗，故《豳风》亦当出于鲁人。

（14）《吕氏春秋》以《破斧》为东音，《破斧》在《豳风》中，豳在西而以为东音，当是指鲁言。

（15）东山即蒙山，为鲁人屡代对东方用兵之重镇。

（16）先秦蚕桑之业以兖为最盛，《禹贡》除青之岱畎外，惟兖州之贡有丝，又独于兖州下系"桑土既蚕"之句，是《豳风》之背景，亦以鲁地为最宜。

（17）《七月》所咏农作物，大致与《鲁颂》之《閟宫》同，而与《大雅·生民》则悬殊过甚；《职方》兖宜四种则与《豳风》、《鲁颂》近，雍、冀宜二种则与《生民》近，此皆可证《豳风》应为东方之诗。

（18）鲁之三桓，代执国政，而季氏尤得民心，故《豳风》有咏公子、公孙之诗。

（19）《九罭》之诗一则曰"公归无所"，再则曰"公归不复"，三则曰"无以我公归兮"，似为鲁昭失国之诗。

由以上十证论之，《豳风》宜为春秋时之鲁诗。再次：

（20）《左传》载季札观乐，鲁之工师所奏除无《鲁颂》《商颂》外，大致皆与今本《诗经》同，此必鲁之大师备有各种古今方俗之乐队，其所存乐歌之底本，必与今本相差无几（《鲁颂》《商颂》之作仅前于此数十年，当是后来附入者）。

（21）《左传》谓当时诸侯于宋、鲁观礼，又云周礼尽在鲁，且先秦旧籍多称鲁用天子礼乐，故鲁之诗乐，在春秋时应最为完备。

（22）《论语》载"孔子自卫反鲁，然后乐正，《雅》《颂》各得其所"，即孔子以卫乐校订鲁乐之证，而鲁乐之有《雅》《颂》，更为季札观乐以外之又一有力之佐证。

（23）古代诗乐之教学，出于乐官，故《诗经》为乐官所歌之诗之底本，实为最自然之事。

（24）《诗》《书》皆出儒家，而鲁又为儒家所自出。

由以上五证论之，今本《诗经》宜为鲁国师工歌诗之底本。

1936 年 1 月 20 日，脱稿于北平北海静心斋

（原载《国立中央研究院历史语言研究所集刊》

第六本第四分，1936 年）

豳
风
说

殷周之际史迹之检讨

　　昔孔子论夏、殷礼而叹杞、宋文献之不足征，由吾人现今所得逢见之史料，如仰韶之彩陶，余旧以为即虞、夏文物之征者，虽不足即为断论，但殷代则自殷虚遗物发见以后，其可征者，自帝王世系、游田、稼穑、工艺、好尚、社会组织等等，则不一而足。故今日之治古史，当断自殷代始。

　　虽然，吾人如尚论殷以降至殷、周之际，则又觉有难言者。其地下史料如铜器等，虽偶有发见，但尚无甲骨文字及其同出器物之丰富整秩。吾人绝不能仅据此若干遗物，以治此期之史。至于旧有之纸上史料，其出于当时所记述者，如《周书》所载既为周人一方面之辞，而又残缺不全。其出于后来相传述者，如战国之世百家所称，大王、王季、文、武、周公积德累行吊民伐罪之说，则又食土践毛之民，历代积誉之总录。至于殷人国亡之后，国与史料俱湮。其所蒙诟厉诋諆之辞，既无当时所存之记载为之辩正，积毁所至，遂使商纣为一穷凶极恶之人君。顾颉刚先生有《纣恶七十事的发生次第》一文（见《古史辨》第二册上编），论其衍变甚详。往日学者习闻于此等积毁积誉之说，遂无不以殷、周之兴亡系于国君之仁暴，而不系于国力之消长。此在稍具近代史识者，皆知此等因果关系实非国家兴亡惟一之解答。故此期新旧史料，皆有所不足。

史之良窳率以史料为准，史家不能无史料而为史，犹之巧妇不能无米而为炊。吾人如尚论此期之史，则惟有据此新旧史料而善为抉择、贯串、证明之。兹所检讨者，即以下列三原则为据：

（一）综合旧史料中有关地理之记载，而推论其发展之次第。

（二）以新史料中涉及地理者，证明旧史料之可信。

（三）以后来开国期之史事比拟之。

据此以论殷、周间之史迹，虽不足即为定论，但依历史之构成言，此实不失为一有理解之假说。今者吾邻封于攘夺劫杀之余，复高唱其王道乐土之说，吾人目睹此等谰言呓语之流行，虽殷、周之际吊民伐罪之说，果为史实，吾人亦当不敢置信矣！

一、高宗伐鬼方与震用伐鬼方

《易》爻辞曾两次述及伐鬼方之事：

> 高宗伐鬼方，三年克之。——《既济》之九三
> 震用伐鬼方，三年有赏于大国。——《未济》之
> 九四

鬼方见于甲骨文、金文，为殷、周间国名。当殷、周之世屡与中国构兵，叛服不常。此两伐鬼方，当非一时之事。旧籍商王受娶鬼侯女而醢鬼侯。鬼，《史记》又作九，鬼、九并见系字故得相通。鬼方又称鬼侯、九侯，应是其服属于殷以后之称。《列子·说

符》有九方皋（《庄子》有九方歅，《淮南子》有九方堙，当是一人）善相马，此民族当与马最娴习。此九方氏及金文之媿姓，大概即此族之后裔。《大戴记·帝系》篇说陆终氏娶于鬼方氏之妹，谓之女隤氏。隤，《世本》作嬇，《人表》作憒。《左传》《国语》谓狄为隗姓，字又作媿。隤、嬇、憒、隗皆媿之讹，古从鬼从贵之字皆在脂部，故得相通。

据旧籍及金文鬼方与中国世为婚姻。王静安先生《鬼方昆夷獯狁考》以为此数名并一声之转（古同见系），即秦、汉间之匈奴。案以鬼方与中国为婚姻事论之，似与秦、汉时匈奴之情事不合。又梁伯戈鬼方之鬼作㲃，与《王孙钟》《陈胏殹》同，乃春秋时代緐繁之字。其戈即戟，就形制言，亦出东周之后。则是鬼方之称，沿至春秋之世，尚犹存在。故宣王世之獯狁，及秦、汉间之匈奴，未必即是殷、周两代之鬼方。獯狁、匈奴或是鬼方别部之崛兴者，如突厥之有敕勒、薛延陀，鲜卑之有契丹、库莫奚等。

《左传·僖二十四年》及《国语·周语》中载襄王以狄女为后，谓之叔隗。隗为鬼方之姓，则是鬼方又得称狄。案春秋时狄有赤狄、白狄之别。顾栋高《春秋大事表》卷三十九《赤狄白狄论》说：赤狄之种有六，曰东山皋落氏，曰廧咎如，曰潞氏，曰甲氏，曰留吁，曰铎辰；白狄之种有三，曰鲜虞，曰肥，曰鼓。《国语·郑语》："当成周者……北有卫、燕、狄、鲜虞、潞、洛泉、徐蒲。"韦注："鲜虞，姬姓在狄者也，潞、洛泉、徐蒲皆赤狄，隗姓也。"据此赤狄又有洛泉、徐蒲之别。盖其种落甚繁，而皆为隗姓。白狄鲜虞姬姓者：《左传·成十三年》载吕相绝秦之辞云："白狄及君同州，君之仇雠而我之昏姻也。"杜注："季隗，廧咎如赤狄之女也，白狄伐而获之，纳诸文公。"案杜氏此说甚迂曲，《传》文谓晋与白狄为婚姻，绝非白狄所纳他族之女。且白狄

伐廥咎如事亦不见记载，疏已讥其无据。此白狄与秦同州，正是
骊戎、大荔之戎所在之地，当指晋献公纳骊姬及大戎狐姬之事，
晋与姬姓为婚姻，是即白狄为姬姓之证。

赤狄与晋接壤，据《左氏传》当在今山西及河北之南部。又
《左传·定四年》说武王克商，分唐叔以大路，密须之鼓、阙巩沽
洗，怀姓九宗；王静安先生以为怀姓亦媿之讹，怀古亦在脂部，
故得相通。据此则鬼方之本据，仍当在今山西境内求之。

高宗伐鬼方，虞翻注以为即殷王武丁。《汉书·淮南王安传》
载其《谏伐闽越书》引《易》此文而释之云："鬼方，小蛮夷；
高宗，殷之盛天子。"此盛天子亦当指武丁言。《孟子·公孙丑》
章上云："由汤至于武丁，贤圣之君六七作，天下归殷久矣，久则
难变也，武丁朝诸侯有天下，犹运之掌也。"据此可见武丁时国势
之盛。又高宗之称见于《尚书·无逸》，云："其在高宗时，旧劳
于外，爰暨小人，作其即位，乃或亮阴，三年不言，言乃雍，不
敢荒宁，嘉靖殷邦，容于小大，无时或怨，肆高宗之享国五十有
九年。"旧注及《史记·殷本纪》并以此为武丁时事。今本《竹书
纪年》亦系伐鬼方事于武丁之下云：

> 三十二年伐鬼方次于荆。
> 三十四年至王师克鬼方，氐、羌来宾。

此作伪《竹书》者实不知鬼方之所在，乃牵合《易》爻辞及
《诗·商颂》之《殷武》而为此说。案《毛传》以《殷武》为祭
高宗之诗，《殷武》有"奋伐荆、楚"语，故有此误。"伐鬼方"
而"次于荆"固不可信，但此仍以高宗为武丁则不误，盖此为殷
代最有名之战争，故《易》特著其事于爻辞。

殷周之际史迹之检讨

"震用伐鬼方"，震有震惊、震恐之意。此虽不著何人伐鬼方，但下文云"有赏于大国"，大国则指殷人言。《易》卦爻辞既多记殷、周之事，周初文献凡周人自称则曰小邦周（见《大诰》），而称殷人则曰大国殷、大邦殷（并见《召诰》）。又《左传·桓十一年》云："师克在和不在众，商、周之不敌，君之所闻也。"盖周由小邦骤兴，其初与殷国力悬殊，故有此称。此谓周伐鬼方而殷人赏之，以小邦而伐大国之敌，故有震惊、震恐之意。

《竹书纪年》武乙三十五年周王季伐西落鬼戎，俘其二十翟王；此文见《后汉书·西羌传》注及《通鉴外纪二》引，当为古本《竹书》原文。此鬼戎部落众多而皆称王，谓翟王者，翟、狄古通用，鬼戎之称翟，知即鬼方。疑此与《易》爻辞所记震用伐鬼方者，当是一事。

《诗·大雅·皇矣》之二、三两章云："帝迁明德，串夷载路。天立厥配，受命既固。帝省其山，柞棫斯拔，松柏斯兑。帝作邦作对，自大伯、王季；维此王季，因心则友；则友其兄，则笃其庆；载锡之光，受禄无丧，奄有四方。"此诗之串夷，郑笺以为即混夷。混夷即鬼方。串、混、鬼古见匣母字，得相通。此诗先称"串夷载路"，而下文续称王季"受禄无丧，奄有四方"。似即颂其伐鬼方之事。又《诗·绵》之八章云："肆不殄厥愠，亦不陨厥问。柞棫拔矣，行道兑矣。混夷駾矣，维其喙矣。"《绵》本为咏大王之事，此云"不殄厥愠，不陨厥问"，正是指王季继大王之绪而言。柞棫二句又全与《皇矣》句同，此非王季而何？旧说以为文王之事，非是。

经传旧记说大王自豳迁岐乃受狄人侵迫。狄或以为昆夷，或以为獯鬻，当即鬼方。盖鬼方之本据原在山西，晋地之近境。当武丁之世，鬼方不胜殷人之压迫，转而西侵，故豳地首当其冲。

以此大王不得不南迁于岐，以避其锋。及王季之世，周以新兴之邦，因得经营江、汉流域之故，国力渐盛。然必须战胜鬼方而后始得立国于渭水流域。《绵》之诗于"混夷駾矣，维其喙矣"之下续云："虞、芮质厥成，文王蹶厥生。"毛传于駾云突，于喙云困，其意盖谓鬼方驰突穷困之后，文王乃得服属虞、芮。凡此，其情事皆可参互考见之。

旧籍于克殷以前记周人伐鬼方，固不仅在王季之世。《尚书大传》谓文王受命之四年伐畎戎，《帝王世纪》则谓伐混夷。畎戎即犬戎，亦即鬼方。盖鬼、犬、畎皆见系字，故得相通。然则《易》所称"震用伐鬼方"，安知非文王时事？所以知其不然者，文王时周已为大国，《论语·泰伯》篇称其时三分天下有其二（说另详）；《孟子·梁惠王》章云："惟仁者为能以大事小，是故汤事葛，文王事混夷；惟智者为能以小事大，故大王事獯鬻，句践事吴。"此混夷、獯鬻并是鬼方异称；盖当大王之世鬼方强大而周弱小，及文王之世则周已大于鬼方，以大伐小，何用震惊、震恐？

前云鬼方之本据在今山西，但陕西泾、洛之间亦为其屡代出没之地。《左传·昭九年》云："我自夏以后稷，魏、骀、芮、岐、毕吾西土也。"《国语·周语》："当成周者……西有虞、虢、晋、隗、霍、杨、魏、芮。"此隗、魏皆在西方，就其名称言，当是鬼方之旧壤，而后入于周者。其后西周之灭由于犬戎，梁伯戈记其伐鬼方蛮，梁与秦近即少梁，地在河西，则鬼方亦当在近境。凡此皆鬼方地域及于陕西之证。其与周构兵，亦当以壤地相接之故。

二、大王翦商与大伯仲雍之君吴

《鲁颂·閟宫》之诗云：

> 后稷之孙，实维大王；居岐之阳，实始翦商。

翦商之翦，《毛传》释为齐；郑此笺及《周礼·翦氏·注》均谓翦商为断商。《说文》："翦，齐断也。"并训齐断，即斩伐芟除之意。《说文》又引此作戬，谓戬商为灭商，灭亦与齐断同意。盖周之王业实自大王迁岐始。岐在渭水河谷，土地丰沃，宜于稼穑，南接褒、斜，可通江、汉、巴、蜀，周人骤得此而国势始盛，因此肇立翦灭殷商之基础。

大王翦商之事，旧史不载，惟大伯、仲雍逃之荆蛮之说，颇可为此语作一注解。

关于大伯、仲雍之传说，据《史记·吴太伯世家》云：

> 吴太伯，太伯弟仲雍，皆周太王之子，而王季历之兄也。季历贤而有圣子昌。太王欲立季历以及昌，于是太伯、仲雍二人乃奔荆蛮，文身断发，示不可用，以避季历。季历果立，是为王季，而昌为文王。太伯之奔荆蛮，自号句吴。荆蛮义之，从而归之千余家，立为吴太伯。太伯卒，无子，弟仲雍立，是为吴仲雍。……周武王克殷，求太伯、仲雍之后，得周章，周章已君吴，因而封之。乃封周章弟虞仲于周之北，故夏虚，是为虞仲。

……自太伯作吴，五世而武王克殷，封其后为二，其一
虞在中国，其一吴在蛮夷。

又同书《周本纪》云：

> 古公有长子曰太伯，次曰虞仲。太姜生少子季历，
> 季历生昌，有圣瑞。古公曰："我世当有兴者，其在昌
> 乎!"长子太伯、虞仲知古公欲立季历以传昌，乃二人亡
> 如荆蛮，文身断发，以让季历。

史公此说，《左传》所载已具有一轮廓：

> 为吴大伯不亦可乎？犹有令名。——闵元年
> 大伯、虞仲，大王之昭也。大伯不从，是以不
> 嗣。——僖五年
> 大伯端委以治周礼，仲雍嗣之，断发文身，裸以为
> 饰。——哀七年

又《论语·泰伯》篇云：

> 泰伯其可谓至德也已矣，三以天下让，民无得而
> 称焉。

让国之说，大率即本于此。盖时代愈降，则立嫡立长之说，愈益
深入人心，故史公所传，较之《左传》《论语》益为详备。
　　此传说，其中究有若何史实为其素地？

欲解答此问，当先问：句吴是否姬姓？

吴为姬姓，吴姬之称见于金文伯頵父鼎及蒍毁。其见于旧籍者，如《左传·哀元年》载伍员谏夫差之辞云：

> 姬（指吴）之衰也，日可俟也。介在蛮夷而长寇仇，以是求伯，必不行矣。

又"哀十三年"载黄池之盟云：

> 吴、晋争先，吴人曰："于周室我为长。"晋人曰："于姬姓我为伯。"

又"定四年"吴入郢谓随人曰：

> 周之子孙在汉川者，楚实尽之。天诱其衷，致罚于楚；而君又窜之。周室何罪？若顾报周室，施及寡人，以奖天衷；汉阳之田，君实有之！

此皆吴人自称为姬姓，为周室懿亲之证。

吴为姬姓，不但吴人自言之，鲁人亦信之。《春秋·哀十二年》夏五月昭夫人孟子卒，《左传》释之云："昭公娶于吴，故不书姓。"又《公羊》云："昭公之夫人也，称孟子，讳取同姓，盖吴女也。"此说又见《论语·述而》篇云：

> 君取吴为同姓，谓之吴孟子。

又《礼记·坊记》云：

> 取妻不取同姓，以厚别也。故买妾不知其姓，则卜
> 之。以此坊民，《鲁春秋》犹去夫人之姓曰吴，其死曰孟
> 子卒。

古同姓不婚，此违反当时习俗，自为时人所瞩目，故其说甚可信。又姬姓相婚，如晋献取大戎狐姬生重耳，又伐骊戎以骊姬归。疑同姓不婚原为东方旧俗，周人原不必恪守此制，故晋、鲁皆有此事。友人吴子馨撰《金文氏族谱》，其第八篇《姓谱》，列句吴为好姓，以吴孟子即吴孟好，说虽新颖而实无据。

吴为姬姓，与周人所居之岐山相去遥远，大伯、仲雍何缘而至？如传说谓个人逃亡，固无不可届。但吴实立国于此，世代相续，以个人之力绝不能致此；尤其是吴地土著文身断发，与周之族类言语文化习惯无一相同。以历史惯例言，大伯、仲雍所以能立国于吴者，于下列二因必居其一：一、大伯、仲雍必帅周人远征之师以经营南土，为周人之远戍军；二、大伯、仲雍或不见容于季历而逃于商，受殷商之卵翼而立国于此。

大王之世，周为小国，与殷国力复乎不侔。当其初盛之时，绝不能与殷商正面冲突。彼必先择抵抗力最小而又与殷商无甚关系之地经略之，以培养其国力。此兼弱攻昧之道，其例正多。如秦于并吞六国之前，必先伐灭西戎、巴、蜀；清于入关之前，必先服属朝鲜、蒙古。若此之类，史不绝书。且周人之经营江、汉流域，据现存史料言，其可征者至迟已在武王之世（说另详）。以此余疑大伯、仲雍之在吴，即周人经营南土之始，亦即大王翦商之开端。《史记》谓大伯、仲雍逃之荆蛮者，或二人所至，即江、汉

流域，其后或因楚之兴盛，再由江、汉而东徙于吴。

至于后说以大伯、仲雍与季历争国而逃于商者，傅孟真主之甚力。其理由为：《牧誓》数纣之罪云："乃惟四方之多罪逋逃，是崇是长，是信是使，是以为大夫卿士，俾暴虐于百姓，以奸宄于商邑。"又《左传·昭七年》云："纣为天下逋逃主萃渊薮，故夫致死焉。"此说坐实纣收容四方多罪逋逃，且又与传说中逃之荆蛮之逃相照应，实为一动人之假设。但余仍主前说者，实有二故：一、《诗·皇矣》之三章云："维此王季，因心则友，则友其兄。"此周人称颂先德而谓王季"则友其兄"，知大伯必非争国出亡；二、商如收容周之叛人，自应安置于周之近境，用以害周，而不当远置于吴；即谓吴为后迁之地，而周章之弟虞仲所封之虞，为纣所置，然《诗》言虞、芮质成，既不能害周，亦非逃人所当出此。

再以元代之事例之。成吉思汗光献皇后四子，长术赤，次察合台，次太宗，次拖雷。此四子之后，并建四大汗国。太宗之后为阿窝台汗国，察合台之后为察合台汗国，术赤之后为钦察汗国，拖雷之后为伊儿汗国。此四汗国并与中土悬远，而族类言语、文化习俗又无一相同，其事情与周之于吴实可做一对照。

三、汉阳诸姬

《左传·僖二十八年》城濮之战，乐贞子谓晋文曰：

> 汉阳诸姬，楚实尽之；思小惠而忘大耻，不如战也。

又"定四年"吴入郢，楚昭奔随，吴人谓随人曰：

周之子孙在汉川者，楚实尽之。天诱其衷，致罚于
楚；而君又窜之。周室何罪？若顾报周室，施及寡人，
以奖天衷；汉阳之田，君实有之。

据此知汉水流域有甚多姬姓之国。此姬姓诸国，除随之外，尚有
唐、巴数国。知随为姬姓者，《左传》吴人谓随人之辞，实与晋乐
贞子之言同一用意，盖皆欲为姬姓以报楚，其视随为姬姓固已显
言之。又《世本》亦云随，姬姓。《国语·郑语》云："当成周者
南有荆蛮、申、吕、应、邓、陈、蔡、随、唐。"韦注："应、蔡、
随、唐皆姬姓。"是传注谱牒并以随为姬姓，当属可信。随在汉东
最为大国，《左传·桓六年》云：

斗伯比言于楚子曰："吾不得志于汉东也，我则使
然。我张吾三军而被吾甲兵以临之，使则惧而协以谋我，
故难间也。汉东诸国随为大，随张必弃小国，小国离，
楚之利也。"

又"僖二十年"云：

随以汉东诸侯叛楚。

《国语》韦注以唐为姬姓，不知何据。如为姬姓，则应与唐杜
氏之唐有别。唐地据《汉书·地理志》南阳郡舂陵县下注云："侯
国，故蔡阳白水乡故唐国。"又《水经·淯水》注云："淯水自蔡
阳来，东北经上唐县故城南，本蔡阳之上唐乡，旧唐侯国，《春
秋》唐成公如楚是也。"唐在淯水流域，当是汉东之地。

巴亦姬姓。《左传·昭十三年》云："楚共王与巴姬埋璧。"明巴为姬姓。巴地据《左传·定四年》云："及武王克商……巴、濮、楚、邓吾南土也。"巴与楚、邓并举，其地必相去不远。又《左传·桓九年》云：

> 巴子使韩服告于楚，请与邓为好。楚子使道朔将巴客以聘于邓。邓南鄙鄾人攻而夺之币，杀道朔及巴行人。楚子使薳章让于邓，邓人弗受。夏楚使斗廉帅师及巴师围鄾。

此巴请与邓好，又巴师可以至邓，必与邓接壤。《汉书·地理志》南阳郡有邓县，注云："故国。"又《续汉书·郡国志》邓县下有鄾聚。《水经·淯水》注："淯水自新野来，南过邓县东，右合浊水，又径邓塞东，又径鄾城东，又南入沔。"此沔即汉。是邓、鄾并在汉东，则巴亦必去汉水不远。旧说谓巴必以汉巴郡之江州当之。此秦时之巴，春秋以前，巴之疆域疑不限于巴郡，如巴口、巴山、巴东诸地，今皆在湖北境内。

此随、唐、巴立国于何时，今皆无征。《华阳国志》云："武王既克殷，以其宗姬封于巴。"亦不知何据。

就周人在南土之史迹言，此诸姬立国，必不在武王以后。

案姬姓之国在淮、汝流域者，其立国次第多有可征：如蔡，《汉志》汝南郡有上蔡县，武王弟叔度所封；如沈，《汉志》汝南郡平舆县有沈亭，钱坫《汉志斠注》以为武王弟聃季所封；如应，《汉志》颍川郡父城县有应乡，《左传·僖二十四年》以邘、晋、应、韩为武之穆，即武王子封地，而《汉志》以为武王弟，似误；如蒋，《汉志》汝南郡期思县有蒋乡，《左传·僖二十四年》以凡、蒋、邢、第、胙、祭为周公之胤，即周公子封地。此诸国皆在淮、汝流域，并与汉东为近。《左传·昭二十八年》云："昔武王克商，光有天下，其兄弟之国者十有五人，姬姓之国者四十人。"故此随、唐、巴之封，疑即其时之事。

陈都宛丘，汉陈留郡，地与蔡近。《左传》载武王以元女大姬妻陈胡公，则陈之属周亦在武王之世。此亦为周初经营南土作一有力之旁证。

周初经营南土之事，不但旧籍可据，即出土铜器亦有可征。宋徽宗时汉水流域出土有中之六器，据薛尚功《历代钟鼎彝器款识》卷十六《父乙甗跋》云：

> 重和戊戌岁（1118 年）出于安陆之孝感县。耕地得之，自言于州，州以献诸朝。凡方鼎三，圆鼎二，甗一，共六器。皆南宫中所作也。

南宫中六器除二圆鼎不详外（《博古图》卷二有周中鼎，鼎圆铭四字，原跋以为即南宫中器；又卷六有中尊，似在六器之外），其他四器，并著中名。有两方鼎，铭文全同。其他一鼎一甗互相关涉之处甚多。兹录其有关考订者如次：

> 王曰："中，兹裹人入史（使），锡于珷王作臣。"——《中鼎一》
>
> 王命南宫伐反虎方之年，王命中先省南国，串行执王庭。——《中鼎二》
>
> 王命中先省南国，串行执王庭，在由。史□至以王命曰……中省自方……汉髟州……——《父乙甗》

夏人及虎方均不详。《鼎一》珷王即武王。武作珷，与盂鼎、归夆毁同；旧释为残，误。器铭记夏人入使，而武王锡之作臣，则器必为武王时物（即以器之形制及铭文字体论，亦当为周初物）。《鼎二》及《甗》并云王命中先省南国；南国铜器屡见，皆与南夷、南淮夷互称，所指当是荆、楚、徐、淮夷诸地。甗并著汉字，文义虽不属，然由下文州字言，知其为地名。是此南国应即指汉水流域而言。又此鼎甗诸器出土之地为宋安陆之孝感，孝感实在汉水之委，是武王时周之国力已远及江、汉流域之证。《鼎甗铭》又云"串行执王应"，串贯同，贯有贯穿之意，又行也，又弯、贯并见系字，得相通。执即《禹贡》"蒙羽其艺""岷、嶓既艺"之艺，治也。应，《玉篇》《汗简》引《说文》踞又作屁，故旧释此为居。此铭云省南国而治王居，则王亦当亲履其地。其后昭王南征，一见于《左传·僖四年》云："昭王南征而不复，寡人是问。"再见于铜器《宗周钟铭》云：

> 王肇遹省文、武董疆土：南国反子敢臽虐我土。王
> 睪伐其至，戕伐厥都。反子乃遣间来逆邵王，南夷、东夷
> 具见廿又六邦。

此邵（昭）王伐南国反子，而起句云王肇遹省文、武董疆土，则南国反子在文、武时亦为周之疆土。反、濮古同在帮并母，疑反子即《牧誓》"微、卢、彭、濮人"之濮。反子遣间来逆邵王，则王实亲履其地。又金文记从王伐楚荆者如：

> 狱駸从王南征，伐楚荆。——《狱駸毁》
> 过伯从王伐反荆。——《过伯毁》
> 贞从王伐荆。——《贞毁》

此诸器之年代不详，以器之形制及文字论，似不后于昭王之世。凡此，皆踵袭前代之故事，并非贸然前往。比合观之，知西周之初对于南土之经营，实为其屡代一贯之国策。

四、周公奔楚

秦、汉间相传有周公奔楚之事。《史记·蒙恬列传》云：

> 成王有病，周公揃爪沈河，书藏记府。及成王治国，有贼臣言周公欲为乱者，公走而奔于楚。

又《鲁世家》云：

> 成王少时病，周公揃爪沈河祝神，藏册于府。及成王用事，人或谮周公，公奔楚。

又《论衡·感类篇》云：

> 古文家以武王崩，周公居摄，管、蔡流言，王意狐疑，周公奔楚。天大雷雨，以悟成王。

此说当有所本，《左传·昭七年》云：

> （楚）蓬启疆来召公……公将往，梦襄公祖。梓慎曰："君不果行，襄公之适楚也，梦周公祖而行。今襄公

实祖，君其不行。"子服惠伯曰："行。先君未尝适楚，故周公祖以道之，襄公适楚矣，而祖以道君，不行何之？"三月，公如楚。

据子服惠伯之意，襄公曾适楚，故祖以道昭公，以见周公祖以道襄公，亦当以其曾适楚之故。是周公适楚，必为春秋以来相传之旧说，必有若干史实为其素地。

按周公适楚，及管、蔡流言，周公居东，本为二事。《史记》及《论衡》所称乃傅合此说而成书。《金縢》云：

> 武王既丧，管叔及其群弟乃流言于国曰："公将不利于孺子。"周公乃告二公曰："我之弗辟，我无以告我先王。"周公居东，二年，则罪人斯得。

此事又见于《墨子·耕柱》篇，云：

> 古者周公旦非关叔辞三公，东处于商盖，人皆谓之狂。

此关叔即管叔。毕沅注以关即管字借音，《左传》"掌其北门之管"，管即关。商盖，王念孙《读书杂志》卷之四云"当为商、奄，盖字古与盍通，盍、奄草书相似，故奄讹作盍，又讹作盖。《韩子·说林》：'周公旦已胜殷，将攻商、奄。'今本奄作盖，误与此同。"是《金縢》之居东，当在商、奄。傅孟真谓居东之东即秦之东郡，秦并六国，此并非最东之地，名之曰东，必有所受。比东郡即商之都邑所在，盖就二周而言，此实在其东。奄，《括地志》以为兖州曲阜县奄至，即奄国之地。武庚及三叔叛，周公举兵东向，由商以及奄，正是其戡平乱事之次第。《书·序》云：

> 武王崩，三监及淮夷叛，周公相成王将黜殷，作《大诰》。
> 成王东伐淮夷，遂践奄，作《成王政》。
> 成王既践奄，将迁其君于蒲姑，周公告召公，作《将蒲姑》。
> 成王归自奄，在宗周，诰庶邦，作《多方》。周公作《立政》。
> 成王既黜殷命，灭淮夷，还归在丰，作《周官》。
> 成王虽伐东夷，肃慎来贺，王俾荣伯，作《贿肃慎之命》。

此即《金縢》所载周公居东，罪人斯得，及《墨子》东处商、盖，《韩非》将攻商、奄之事，金文南淮夷、东夷往往并举，其地当相去甚近。又金文《㤈𣪘铭》云："叔东夷大反，白懋父以殷八𠂤征东夷，唯十又一月遣自𢎍𠂤遂东，陕伐海眉。"此为周初铜器，其伐东夷由东以及海眉，与周公居东之东似即一地。当武庚叛乱之时，其地尚非周有，周公如非戡平乱事，安得居之？

　　楚在二周之南，谓之南国。如《左传·成十六年》云："南国蹙，射其元王，中厥目。"此南国即指楚言。又楚之故都在丹阳，即今湖北之秭归县。其后渐次东徙于今江陵，是为郢。明楚兴起，适在周南。金文《狭𣪘𣪘铭》云："狭𣪘从王南征，伐楚荆。"此为西周早期铜器，是周初之楚荆亦当在南。俞正燮《癸巳类稿》卷一《周公奔楚义》，以为周公居东与东处商、盖即奔楚。以方位言，其说实误。

宋代出土《季娟鼎铭》云：

> 正月，王在成周。王徙（？）于楚麓，命小臣夌先省
> 楚应。王至于徙居，无遣。

此器以字体语义论，亦当为周初物。"先省楚应"尤与《中鼎》"王命中先省南国，串行执王位"之命意全同。此楚麓、楚应之楚，其与荆楚之楚是否同指一地，殊难断言。甲骨文楚亦地名（见刘体智《彝器图录》），为王田猎所及之地，似不能远至荆楚。

至周公所奔之楚，据左氏言，明为荆楚之楚。再以《春秋经》及《左氏传》所称许田之事论之。《春秋》于"隐八年"云："郑伯使宛来归祊。"于"桓元年"云："郑伯以璧假许田。"《左传》系其事于"隐八年"下，云："郑伯请释泰山之祀而祀周公，以泰山之祊易许田，三月郑伯使宛来归祊，不祀泰山也。"于"桓元年"下云："郑人请复祀周公，卒易祊田，公许之。三月郑伯以璧假许田，为周公祊故也。"此事经传所载，并嫌简略。《史记·周本纪》释之云："郑宛与鲁易许田，许田，天子之用事太山田也。"《索隐》云："祊是郑祀太山之田，许是鲁朝京师之汤沐邑，有周公庙，郑以其近，故易取之，此云许田天子用事太山田，误矣。"《正义》云："杜预云：'成王营王城有迁都之志，故赐周公许田，以为鲁国朝宿之邑，后世因而立周公别庙焉。郑桓公友，周宣王之母弟，封郑，相助祭太山汤沐邑在祊。郑以天子不复巡狩，故欲以祊易许田，各从本国所近之宜也。恐鲁以周公别庙为疑，故云已废太山之祀而欲为鲁祀周公，逊辞以求也。'"《括地志》云："许州许昌县南四十里有鲁城，周公庙在城中，祊田在沂州费县东

南。”案此诸说多以秦、汉以后之思想或政绩解释前代之史事，天子巡狩及汤沐朝宿之邑，未必即西周所有。郑有太山之祊而鲁有许田，郑灭许而欲以太山之祊易许田，《正义》谓各从本国所近之宜，其说或近是。《史记》之《周本纪》《鲁周公世家》谓武王克殷，即封弟周公旦于曲阜曰鲁，其说至不足据。盖武庚未灭以前，殷人犹居朝歌，周人绝不能越其地而有鲁。傅孟真《大东小东说》以为二南当在成周之南，今河南鲁山县及其近地，即鲁初封之邑。今河南郾城、召陵诸地，即燕召公初封之邑。以二南所咏之地证之，其说甚是。盖周初经营南方之事，肇于大王。武王伐纣，鲁人初即驻防于此，故其地有鲁山之名。其后周公子应侯封地，仍在鲁山县近地，亦一旁证。武庚既灭，周人势力渐次东徙，于是鲁之驻军即由鲁山东徙。许有鲁城，有周公庙，或即迁徙中曾经寄顿之地。且许、应地皆近楚，以此言之，周公之奔楚，由地理方面言之，自为可能之事。

案铜器记伐楚荆者如上述三器，《䟫駭毁》《过伯毁》《贞毁》年代皆不甚早，或即昭王时物。其年代最早者，则有《令毁》。其铭曰：

隹王于伐楚，伯在炎。

《令毁》同出之器铭之最末皆著鸟册形。又一《令彝》及《令尊》铭云：“王令周公子明保。”此周公从各方面观察，皆当为周公旦。《令彝》及《令尊》铭又云；“作册令敢扬明公尹人宧，用作父丁宝尊彝。”又同著鸟册形之作册《大方鼎铭》云：“公来铸武王、成王异（禩）鼎。隹四月既生霸己丑，公賁作册大白马。大扬皇天尹大保宧，作祖丁宝尊彝。”此作册大当是作册令之子辈，故在前铭则称父丁，后铭则称祖丁。明为周公子名，公为尊称，僻即大僻，即大保，官名。明公又见于《明公毁》。毁以明公与鲁侯并称，鲁侯或即伯禽。又作册《大方鼎铭》云："铸武王、成王异鼎。"则鼎必作于康王之后。其令毁作器之人既为大之父辈，则必为成、康时物。故令毁所记伐楚之事，至迟亦当在成、康之时。此可见周初与楚，并非无关系之国家。

又案《牧誓》称从武王伐纣之师有庸、蜀、羌、髳、微、卢、彭、濮人。此诸族大都在西南。此可见周之胜殷，实有赖于此。其后武庚及三监叛，周公奔楚者，或即挟南方诸侯之力以为征服东方之准备。吾人如不为前人传说所蔽而综合周人兴起之迹论之，则知此说虽无若何依据，但亦不失为一有理解之解释。

五、庸蜀羌髳微卢彭濮人

《书·牧誓》称庸、蜀、羌、髳、微、卢、彭、濮人，皆从武王伐纣。《牧誓》或出后来追记之辞，不必为周初之原史料，但此所称之诸族，必有旧闻可据。此诸族之所在，据《史记·周本纪》集解引孔安国云：

> 八国皆蛮夷戎狄，羌在西，蜀、髳、微在巴蜀，纑（即卢）、彭在西北，庸、濮在江、汉之南。

又同书《正义》云：

> 《括地志》：房州竹山县及金州古卢国。益州及巴、利

等州皆古蜀国。陇右、岷、洮、丛等州以西，羌也。姚府
以南，古爨国之地。戎府之南，古微、卢、彭三国之地。
濮在楚西南，有爨州、微濮州、卢府、彭州焉。武王率
西南夷诸州伐纣也。

又《楚世家》正义云：

> 《括地志》：房州竹山县本汉上庸县，古之庸国。昔
> 周武王伐纣，庸蛮在焉。

此诸解皆出汉、唐之世（案孔安国《尚书》注亦伪，或出汉以后）者，如
《左传》所载楚及所兼并之地，有彭水及庸、卢、百濮等族。兹将
其有关系之记载录之如次：

> 伐绞之役，楚师分涉于彭，罗人欲伐之。——桓十
> 二年
> 屈瑕伐罗……及鄢，乱次以济，遂无次，且不设备。
> 及罗，罗与卢戎两军之，大败之。——桓十三年
> 楚大饥，戎伐其西南，至于阜山，师于大林。又伐
> 其东南，至于阳丘，以侵訾枝。庸人帅群蛮以叛楚。麇
> 人率百濮聚于选，将伐楚。于是申、息之北门不启。楚
> 人谋徙于阪高。蒍贾曰："不可。我能往，寇亦能往。不
> 如伐庸。夫麇与百濮谓我饥不能师，故伐我也。若我出
> 师，必惧而归。百濮离居，将各走其邑，谁暇谋人？"乃
> 出师，旬有五日，百濮乃罢。自庐以往，振廪同食。次
> 于句澨。使庐戢黎侵庸，及庸方城。庸人逐之，囚子扬

窗，三宿而逸，曰："庸师众，群蛮聚焉；不如复大师，且起王卒，合而后进。"师叔曰："不可。姑又与之，遇以骄之，彼骄我怒，而后可克。先君蚡冒所以服陉、隰也。"又与之遇，七遇皆北，唯裨、鯈、鱼人实逐之。庸人曰："楚不足与战矣。"遂不设备。楚子乘驲会师于临品，分为二队。子越自石溪，子贝自仞以伐庸。秦人、巴人从楚师，群蛮从楚子盟，遂灭庸。——文十六年

以上诸地之可考者：伐罗之役及鄢乱次以济，《汉志》南郡宜城县注"故鄢"。《水经·沔水》注："夷水导源中卢县界康狼山，其水东南流历宜城西山，谓之夷溪，又东南径罗川城故罗国也，又谓之鄢水，《春秋》楚伐罗渡鄢者也。"《续志》注："又东至中卢县，东维水自房陵县维山东流注之，县即《春秋》庐戎之国也。"此其地皆去鄢不远，《水经·粉水》注："粉水出房陵县，东流至郢邑南，又东至谷邑南，东入于沔。"粉水疑即彭水。古粉、彭皆帮系字，故得相通。凡此皆在汉水流域（《水经注·沔水》篇云："如淳曰：'此方人谓汉水即沔水。'"）。又灭庸之役，楚出师自庐以往，庐在南郡中庐县，则句澨、临品均由此沿汉上溯，以及庸之地。庸，《汉志》汉中郡有上庸县，《续志》云："本庸国。"《水经·沔水》注："堵水又东北径上庸郡，故庸国也，《春秋·文十六年》楚人、秦人、巴人灭庸，《国策》张仪谓郑袖，欲以上庸之地六县赂楚，即其地。"是庸亦在汉水流域。至百濮离居者，盖散居楚之近境。《左传·昭九年》云："巴、濮、楚、邓，吾南土也。"又云："吴、濮有衅，楚之执事，岂其顾盟？"《尔雅·释地》："南至于濮、铅。"《周书·王会》："正南百仆。"先秦书所谓南即楚地所在，亦当去汉水不远。杜预《春秋释例》云："建宁郡南有濮夷，无君

长总统，各以邑落自聚，故称百濮。"按晋建宁郡在今云南境内，此为晋时百濮之所在，春秋以前，此诸族必尚居于江、汉流域。

髳即《诗·角弓》"如蛮如髦"之髦。《春秋·成元年》："王师败绩于茅戎。"《公羊传》茅作贸，并其异文。《史记·秦本纪》："缪公自茅津渡河封殽中尸。"茅津即茅戎所在，地在晋。《诗》郑笺："髳，西夷别名，武王伐纣，其等有八国从焉。"案此以髳为西夷，即《括地志》所本，其说不知何据。疑髳即后世所谓苗，盖苗、蛮初时皆在中国，故《诗》以髳、蛮并举。又如蛮氏见于《左传·哀四年》云：

> 楚人既克夷虎，乃谋北方。左司马眅、申公寿余、叶公诸梁致蔡于负函，致方城之外于缯关曰："吴将溯江入郢，将奔命焉。"为一昔之期，袭梁及霍。单浮余，围蛮氏，蛮氏溃，蛮子赤奔晋阴地。

茅戎在晋地，此蛮氏亦在晋、楚之间，是其地犹在汉水流域之北，故得从武王以伐纣。又案邓嫚姓，嫚、蛮古明母字，嫚或即蛮转音，邓地亦近汉水。

羌，《说文》云："西戎羊种也……南方蛮、闽从虫，北方狄从犬，东方貉从豸，西方羌从羊。"《诗·商颂·殷武》："自彼氐、羌。"郑笺："氐、羌，夷狄国在西方者也。"案羌为西方种落，其遗族至汉犹存。《汉志》金城郡有临羌县、破羌县，陇西郡有羌道，地皆在中国之西北。又案羌与姜字皆从羊，中国之姜如齐、许、申、甫，皆羌族从武王伐纣者。

蜀，《伪孔传》及《括地志》并以为即巴、蜀之蜀。《国策·秦策》司马错与张仪议伐蜀，亦巴、蜀之蜀。

微，《周书·立政》云："夷微、卢烝，三亳阪尹。"尹长也，烝与尹对文，当从《尔雅·释诂》释为君。此微、卢君并称，即从武王伐纣之微、卢族。

据此言之，《牧誓》所称从武王伐纣之八族，大致皆有可征。其地域皆偏于西、南两方面。周人于伐殷以前，当先经营西、南，以厚殖其国力。盖此诸族所在，地皆近于周而国力微弱，易于经略。《左传·宣十二年》云"兼弱攻昧，武之善经也"正此意。后来秦之霸西戎，伐巴蜀，亦正可与此作一对照。秦之霸西戎在穆公之世，《史记·秦本纪》云："秦用由余谋伐戎王、益国十二，开地千里，遂霸西戎。"其伐蜀在惠王之世，《战国策·秦策一》载司马错与张仪争论于秦惠王前，司马错论伐蜀之利云："夫蜀西辟之国也，而戎狄之长也，而有桀、纣之乱。以秦攻之，譬如使豺狼逐群羊也。取其地足以广国也，得其财足以富民缮兵，不伤众而彼已服矣。故拔一国而天下不以为暴；利尽西海，诸侯不以为贪。是我一举而名实两附，而又有禁暴正乱之名。"《秦策》并著此役之结果云："蜀既属，秦益强，富厚轻诸侯。"据此，可见秦之所以能并吞东方诸侯者，与其经营西戎、巴、蜀，实有至显著之关系。

再以匈奴之事论之。冒顿单于承秦蒙恬却匈奴筑长城之后，国势微弱。及秦亡，中原逐鹿，边备废弛，而匈奴不以此时南下，则以东胡强而月氏盛，塞外引弓之民，犹未能并为一家，故有所不遑。及其破灭东胡，走月氏，统一大漠，而后始得长驱南向，以与汉族争衡。

再以清人之事论之。清人之兴起，必先统一建州，灭辉发、叶赫，掳掠东北境内之女真诸族，并渐次翦伐朝鲜、蒙古而服属之，而后因乘农民军起义机会，始得长驱入关以覆明室。

历史固无同一之事实，然朝代嬗禅，类此之事正复不少。盖就两方面国力相衡，则其间兴衰之次第，必有不容或紊者。至如旧籍所称汤伐桀，武王伐纣，皆以至仁伐至不仁，大概皆兴朝臣民谀颂之言。果如是，历史不几为神迹？虽然，此谀颂之言亦当就若干史实敷衍而成，善于读史者，当能辨之。

六、三分天下有其二以服事殷

《论语·泰伯》云：

> 三分天下有其二，以服事殷，周之德其可谓至德也已矣！

以辞意言之，此当指殷、周之际文王之事。《吕氏春秋·古乐》篇高注云：

> 《论语》曰："文王为西伯，三分天下有其二，以服事殷。"

崔适《史记探源》据此注以为《鲁论》"三分天下"句上有"文王为西伯"句。又《左传·襄四年》云："文王帅殷之叛国以事纣，唯知时也。"《诗·四牡》毛传云："文王率诸侯，抚叛国，而朝聘乎纣。"皆与服事殷之说合。是《论语》文指文王时事而言，已明白无疑。然则，此"三分天下有其二"语，究应作何解？郑玄《诗谱·周南召南谱》释此语云：

周之先公曰大王者，避狄难，自豳始迁焉，而修德建王业。商王帝乙之初，命其子王季为西伯。至纣又命文王典治南国江、汉、汝旁之诸侯。于是三分天下有其二，以服事是殷。故雍、梁、荆、豫、徐、扬之人，咸被其德而从之。

案毛、郑均以二南为咏文王大姒之诗。二南之诗曾涉及江、汉、汝诸地，郑说荆、豫、徐三州被文王德者，或本于此。其他三州，雍为周之本据，梁近于雍，扬为吴之所在，亦江水流域，故并及此三州。

《禹贡》《职方》《尔雅》皆以天下为九州，六州正是三分有二。此六州咸从文王之说，又见于《逸周书·程典》篇，云：

维三月既生魄，文王合六州之众，奉勤于商。

此正与郑说合。又同书《大匡》篇云：

维王宅程，三年，遭天下之大荒，作《大匡》以诏牧其方，三州之侯咸率。

孔晁注云：

文王初未得三分有二，故三州也。

此说亦可为三分有二，即九州之六州，作一注解。

《论语》三分有二之说，如为信史，则郑说周有雍、梁、荆、豫、徐、扬六州，依前述周初之史事言之，似无可变更。但此所据以解释者，则与郑说不同。

案二南之诗绝不作于文王之世。《召南·甘棠》所咏之召伯，与《小雅·黍苗》所咏之邵伯，《大雅·江汉》所咏之召虎，《召旻》所咏之召公，皆召伯虎（《曹风·下泉》之末章与《黍苗》辞同，所咏郇伯当为邵伯之误，盖郇、邵形近而误）。此在傅孟真《周颂说》及丁山先生《召伯虎传》中皆已详言之。又《召南·何彼秾矣》之平王，据洪迈《容斋五笔》及顾炎武《日知录》卷五并以为即周平王，说皆可信。盖二南江、汉、汝诸地之濡染中原文化，实为周宣命召虎旬宣以后之事。周初国力虽已远及于此，但其地仍无文化可言？此为旧日史家或解经之家所最不易了解之事。

依黑色陶器之发现，知古代中国文化当即发源于东方沿渤海湾诸地，以齐、鲁为中心，而渐次向西发展。殷商之末季，此文化之中心以王都之所在，遂为殷虚、朝歌所夺。然仰韶以西，此殷商文化之传播，以发掘之所得，在彼时实属几微。周起岐山，比于边陲，何有文化可言。以出土铜器论之，武王以前之器，至今尚未发现。此即周人伐殷以前，尚无有若殷商文化之旁证。

旧记所载姬姓之国有骊戎、大戎子、鲜虞、句吴，皆无文化可言。其风俗习惯，亦与中国夐殊。疑此诸国当即伐殷以前所分封者。彼时周人既未濡染中原文化，殷亡以后周人虽已承袭殷商文化，而此诸国又以僻远不与中国往来，以故迄春秋之世，尤为戎蛮之乡。盖文化乃积累而成，如此诸姬之国，当分封以前已有如二周之灿烂文化，何至春秋之世衰退如此？观元代所建立之四汗国，其情事与此颇有可比拟之处。

据此言之，梁、荆、徐、扬及豫之南部，在春秋以前，虽未被中国文化，但不必即为周人势力所不及之论证。《左传·襄三十

殷周之际史迹之检讨

> 《周书》数文王之德曰："大国畏其力，小国怀其德。"言畏而爱之也。
>
> 纣囚文王七年，诸侯皆从之囚，纣于是惧而归之，可谓爱之。文王伐崇，再驾而降为臣，蛮夷帅服，可谓畏之。

此谓诸侯皆从文王囚，谓蛮夷帅服，使商纣畏其力，惧而归之，知彼时之周，俨然为一大国。再依以前所举诸证言之，三分有二之说，益非谬诞之言。

七、东夷叛商与纣克东夷

《左传》载纣与东夷两事：

> 商纣为黎之蒐，东夷叛之。——昭四年
> 纣克东夷，而陨其身。——昭十一年

据此所载商纣之覆亡，与东夷之叛服，实相为因果。故此绝非寻常战役可比。

黎即《商书·西伯戡黎》之黎，《史记·周本纪》作耆，《殷本纪》又作饥，《集解》引徐广曰一作阢。《说文》作䣢，云："殷诸侯国，在上党东北。"《汉书·地理志》"上党郡壶关县"下注云："有羊肠坂。沾水东至朝歌入淇。应劭曰：'黎侯国也，今黎亭是。'”《续志》“壶关县”下云：“有黎亭，故黎国。”注：“文王戡黎即此。”黎在上党东北，去纣都朝歌不远，故《尚书》郑注云：“戡黎，入纣圻内。”其地当太行山之西，坂道盘纡如羊肠，故谓羊肠坂。《后汉书·冯衍传》谓上党之地有四塞之固，东带三关。而《通典》称其据天下肩脊，当河、朔咽喉。盖其地实为殷、周两国之所必争。故文王戡黎而祖伊恐，奔告于王。此商纣为黎之蒐，古之蒐即所以治兵，商纣治兵于此，亦当为周人之所疑忌。

东夷虽不能确指为何地，但以金文及群书所载，其方位道里远近，亦可约略推定。金文《小臣謎毁铭》云：“䱷东夷大反，伯懋父以殷八自征东夷。唯十又一月，遣自䍩自遂东，䣍伐海眉。雩厥复归在牧自。”此为周初铜器，殷八自与牧自并举，则牧自即朝歌之牧（《诗》作沬，《史》又作坶），殷八自即殷都朝歌之八自。此本征东夷，而云䣍伐海眉，则东夷必为朝歌以东滨海之地。案此器与《吕氏春秋·古乐》篇所载“商人服象为虐于东夷，周公以师逐之，至于江南”，其方位皆当不殊。《孟子·滕文公》章下亦有相类似之记载，其文云：“周公相武王诛纣，伐奄，三年，讨其君，驱飞廉于海隅而戮之，灭国者五十，驱虎豹犀象而远之。”此曰江南，曰奄，曰海隅，盖均东夷所在之地。金文每以东夷、南夷，东国、南国并举，《宗周钟铭》云：“南国𠬝子敢臽虐我土，王𦎫伐其至，𢦚伐厥都。𠬝子乃遣间来逆邵王，南夷、东夷具见廿又六邦。”此伐南国而南夷、东夷具见。又《戊鼎铭》曰：“噩侯驭方率南□（淮）夷、东夷广伐南国、东国。”此南淮夷、东夷同时侵伐东国、南国（即中国东南两方面）。又《师寰毁铭》云：“淮夷繇我賨晦臣，今敢博厥众，叚反厥工事，弗速（迹同）我东䤌。”此南淮夷作乱而东国不迹。又《竞卣铭》云：“白犀父以成自即东，命伐南夷。"此伐南夷而以成自（即成周八自）即东。据此可知，当殷、周之际成周与朝歌东南滨海之地，实为一大集团。此种情势，沿至春秋之世犹未大变。《鲁颂·闳宫》之诗云："泰山岩岩，鲁邦所瞻，奄有龟蒙，遂荒大东，至于海邦，淮夷来同。"又云："保有凫绎，遂荒徐宅，至于海邦，淮夷蛮貊，及彼南夷，莫不率从。"此为鲁人称颂僖公之诗，僖公从齐桓伐淮夷，而诗乃兼举大东、海邦、南夷诸地，则仍与周初之形势无殊。再就殷、周之史事言之。《左传·昭元年》历数四代之叛国曰："商有姺、邳，周有徐、奄。"杜注："徐、奄二国皆赢姓，《书序》曰：'成王伐淮夷遂践奄。'徐即淮夷。"姺、邳之叛，今本《竹书纪年》系于外壬元年下，事无可考。杜注："邳今下邳县。"姺《括地志》："古姺城在陈留县东五里。"则地仍与徐、奄近。徐、奄之叛，与《书序》及《孟子》说周公相武王诛纣伐奄正相应。则所谓东夷者，当即指徐、淮夷一带而言。其地适在江、汉以东，宋、鲁以南，与所谓南夷，实有辅车相依之势。

就朝歌之方位言之。黎与东夷，一在西北，一在东南，壤地渺不相涉。商纣为黎之蒐，何至引起东夷之叛？疑此时周人势力必已远及江、汉以东，如陈、如吴，皆是。盖商人治兵于黎即所以防周，故周人即嗾使东夷叛之，以为牵掣之师。其后纣克东夷，周人即乘之以戡黎，卒以灭商。故《左传》以商之覆亡，系于东夷之克者，其关系当不外此。

今本《竹书纪年》惟系黎之蒐于帝辛四年，至东夷之叛灭则不见于记载。《小臣艅尊铭》云：

丁巳，王省夔𤲽，王锡小臣艅夔贝。惟王来正人方。惟王十祀又五，肜日。

此人方即夷方。古文夷作𡗕，其尸下二画乃夷之重文。金文南淮夷之夷作𢀇，其重文者作𢀇，正与此同。朕之铜器数见，以文字之形体、叙述之章法及朕之系联，知此为商器。甲骨文记征人方之卜辞屡见。据董彦堂《甲骨文断代研究例》(366—373) 皆为帝辛时代之物。《小臣朕尊》铭文书体，亦与此期刻辞逼似，亦当是帝辛时事。据此言之，则夷方之征伐，或不仅限于帝辛十五年，但总以近于此年者为是。《竹书》所载黎之蒐，在纣之四年，而此事适出其后，疑此夷方即东夷。《殷虚书契前编》卷二第十五页二三版记伐人方云："癸巳贞王旬亡𡆥，在二月，在齐𬇹，惟王来征夷方。"征夷方而在齐次，明当为东夷。又《般甗铭》云：

> 王且人方，无祗。咸王商作册般贝，用作父己尊。
> 来册。

此咸王即《毛伯毁》《史懋壶》之咸王。旧以咸属上读者，皆误。此咸王余旧以为即成王之异称，但今此诸器纹样言之，知尚在成、康之后，但以《毛伯毁》之关联，知此两器之夷方，皆当为东夷。又旅毁惟公大保来伐反夷年，反夷亦指东夷。

殷为大国，虽在殷纣之世，国势犹盛。《孟子·公孙丑》章上云：

> 武丁朝诸侯有天下，犹运之掌也。纣之去武丁未久也，其故家遗俗，流风善政，犹有存者。

《孟子》此说，实有所本。《左传》载商纣之覆亡云：

纣之百克，而卒无后。——宣十二年

夫恃才与聚，亡之道也。商纣由之，故灭。——宣十五年

《大誓》曰：“纣有亿兆夷人，离心离德。”——昭二十四年

据此知殷商虽当末世，其战伐之功与人徒之众，犹煊奕一时。惟以轻用其力，或即屡与夷方构兵，疲于奔命，致为周人所乘。周以新造之邦，牧野之役一战胜殷，如非幸致，则此东夷之役，除解为周人经营江、汉流域及吴、陈之结果以外，实无其他适当之解释。先秦以来兵法权谋之家，及《六韬·阴符》多传太公阴谋，据此论之，或非虚言。

八、申伯信迈王饯于郿

古代关中与巴、蜀之交通虽有多途，但兼与江、汉流域相通者，则惟褒斜、子午二道。据汉桓建和二年汉中太守王升所立之《石门颂》云：

惟巛（坤）灵定位，川泽股肱。泽有所注，川有所通。余（斜）谷之川，其泽南隆，八方所达，益域为充。高祖受命，兴于汉中。道由子午，出散入秦。建定帝位，以汉诋焉。后以子午，塗（涂）路歮（涩）难，更随围谷，复通堂光。凡此四道，鬲（隔）垓尤艰。至于永平，其有四年，诏书开余（斜），凿通石门。中遭元二，西夷虐残。

桥梁断绝，子午复修。上则县峻，屈曲流颠，下则入冥，
顺写输渊。……空舆轻骑，遟寻（碍）弗前。……愁苦之
难，焉可具言。……帝用是听，废子由斯。

此颂历叙由汉中通益州之五道：一子午，二散，三围谷，四堂光，
五余谷。据《三秦记》云："子午，长安正南山名。秦岭，谷一名
樊川。"铭云"道由子午"者，《水经·沔水下》云："水出子午
谷岩岭下。"注云："张子房烧绝栈阁，示无还也。"即此。散即大
散关，铭云"出散入秦"者，高祖袭章邯所出陈仓道即此。围谷
当在斜谷之西，《水经》沔水又东径西乐城北下，注云："城在山
上，周三十里甚险固，城侧有谷，谓之容裘谷。道通益州，山多
群獠。"此容裘谷为通益州之道，疑即围谷，围与容裘意义相当，
容裘或其别名。堂光当在斜谷之东，《水经·沔水下》壻水南历壻
乡，溪出山东南流，径通关势南，注云："高祖北定三秦，萧何守
汉中，欲修北道通关中，故名为通关势。"此通关势疑即堂光。古
通关与堂光同为端见系字，故得相通。此四道据铭云"隔埃尤艰"，
惟余谷之川八方所达，当最为坦途。余谷即斜谷，《三秦记》云：
"褒斜，汉中谷名，南谷名褒，北谷名斜，首尾七百里。"据此言之，
围谷、堂光两道出于汉以后，散在陇西，惟子午与褒斜居汉水之上
游，其道在汉代递有兴废。洪适《隶释》四《跋石门颂》云：

《顺帝纪》延光四年诏益州刺史罢子午道，通褒斜
路……安帝永初元年先零叛，断陇道，寇三辅，入益州，
杀汉中守，乃桥梁断绝时也。自明帝永平四年通石门，
至永初几五十年。自永初褒斜断绝，至延光四年，凡十
五年。

观此，可知此两道通塞之故。其褒斜一道当尤为入巴蜀或江、汉之坦途。

少习为春秋、战国时秦、晋两国通楚之厄道。其地与晋阴地、秦武关近。《左传·哀四年》云：

> 楚人既克夷虎，乃谋北方。……袭梁及霍。单浮余，围蛮氏，蛮氏溃，蛮子赤奔晋阴地。司马起丰、析与狄戎，以临上雒，左师军于菟和，右师军于仓野，使谓阴地之命大夫士蔑曰："晋、楚有盟，好恶同之。若将不废，寡君之愿也。不然，将通于少习以听命。"

晋阴地与楚丰、析两地，其距甚近。析即白羽，《左传·昭十八年》楚使王子胜迁许于析，即此。丰在今陕西山阳。上雒今陕西商县地。少习近于上洛。《水经》丹水自商县东南流，历少习出武关下，注引京相璠《春秋土地名》云："楚通上洛，厄道也。"战国以来，秦东有函谷关、南武关、西散关、北萧关，谓之四塞，亦曰关中，又曰关内。楚怀王时，秦、楚构兵，多出武关。《史记·楚世家》云：

> 楚王不听，遂绝和于秦，发兵西攻秦，秦亦发兵击之，十七年春与秦战丹阳。秦大败我军，斩甲士八万，虏我大将军屈匄，裨将逢侯丑等七十余人，遂取汉中之地。楚怀王大怒，乃悉国兵复袭秦，战于蓝田，大败楚军。秦昭王遗楚王书曰："……寡人愿与君王会武关，面相约结盟而去，寡人之愿也，敢以闻下执事。"楚怀王……于是往会秦昭王。昭王诈令一将军伏兵武关，号

为秦王，楚王至则闭武关，遂与西至咸阳。

　　楚立王以应秦，秦昭王怒，发兵出武关攻楚，大败楚军，斩首五万，取析十五城而去。

秦、楚构兵，虽不必即由武关（如巴蜀、汉中亦为用兵要道），但战国间秦、楚战事要以发生于此者为最多。其后汉高入关，亦系道此。《史记·高祖本纪》云：

　　沛公……略南阳郡，南阳守齮走保城，守宛。……沛公……乃以宛守为殷侯……引兵西，无不下者。至丹水……降析、郦。……因袭攻武关，破之。又与秦军战于蓝田……汉元年十月，沛公兵遂先诸侯至霸上。

据此言之，此少习似为关中通江、汉之要道。但此在春秋以前，迄无可征。《左传》载吴入郢，昭王在随，秦使子蒲、子虎率师救楚，不著系由何道。晋有阴地，亦系荀跞灭陆浑以后之事。春秋晋、楚之战，惟争郑、宋之服属，绝无西向之事。京相璠谓此为厄道，疑楚通少习或肇端于此。以《崧高》之诗论之。《崧高》为尹吉甫赠申伯之诗，其诗云：

　　亹亹申伯，王缵之事。于邑于谢，南国是式。王命召伯，定申伯之宅。登是南邦，世执其功。王命申伯，式是南邦。因是谢人，以作尔庸（墉）。王命召伯，彻申伯土田。王命傅御，迁其私人。申伯之功，召伯是营。有俶其城，寝庙既成。既成藐藐，王锡申伯：四牡蹻蹻，钩膺濯濯。王遣申伯，路车乘马。我图尔居，莫如南土。

锡尔介圭，以作尔宝。往近王舅，南土是保。申伯信迈，王饯于郿。申伯还南，谢于诚归。王命召伯，彻申伯土疆。以峙其粮，式遄其行。申伯番番，既入于谢，徒御啴啴。……

《汉书·地理志》"南阳郡宛县"下班注云："故申伯国，有屈申城，县南有北筮山。"《潜夫论·志氏姓》篇云："申城在南阳宛北序山之下，故《诗》云：'亹亹申伯，王荐之事，于邑于序，南国是式。'"谢又作序，是北序、北筮并即此诗之谢。其地适在成周之南，故诗一再曰南国、南邦、南土。《国语·郑语》云："当成周者南有申、吕。"《王风·扬之水》以戍申、戍甫、戍许并列，此《扬水》之甫，即《郑语》之吕。盖周人防御江、汉及淮水流域诸族内犯，故置戍于此。其后楚人兼并其地，亦以此为经营中原之根据。《左传·成七年》云："子重请取申、吕以为赏田，王许之。申公巫臣曰：'不可，此申、吕所以为邑也，是以为赋，以御北方。若取之，是无申、吕也，晋、郑必至于汉。'王乃止。"此可见申、吕与南土关系之重要。《崧高》为宣王时诗，召伯即召虎。召虎经营南土，曾屡见于《诗》，《江汉》之诗曰："江、汉之浒，王命召虎，式辟四方，彻我疆土。"《黍苗》之诗曰："肃肃谢功，召伯营之。"与此所咏，并当为同时之事。宣王之世，命召虎经营南土，作邑于谢，而命申伯镇抚之，其势力曾远及江、汉、淮浦。及幽、平之世，南土日蹙，申、甫乃有戍守之师。《召旻》之诗曰："昔先王受命，有如召公，日辟国百里。今也日蹙国百里。于乎哀哉，惟今之人，不尚有旧？"《召旻》当作于幽王之世，所谓先王即宣王，召公即召虎。当时先王之旧人犹存，而国事已不堪问。据此可见南国之叛服，实系周室之兴衰。因此《崧高》

所咏"申伯还南，谢于诚归"，实为当时重大典礼，故王亲饯之于郿。郿之所在，《汉书·地理志》右扶风有郿县。陈奂《毛诗传疏》据《方舆纪要》云："郿县在陕西凤翔府东南百四十里，而故郿城在县东北十五里。岐山县在府东五十里，而岐阳废县在县东北五十里。以此核之，则郿地在岐周之南，相去不过五六十里。"是郿地远在丰、镐之西，而与岐山为近。申伯还南，宣王不南饯之于近地之蓝田、子午，而西饯之于郿者，盖郿近在褒斜之北，此古代关中与江、汉流域之交通，不由子午、少习而仅由褒斜之证。周自大王迁岐山之下，得与此道近，因得以经营巴、蜀、江、汉，蔚为大国，卒以灭商，其事绝非幸致。

再以《江汉》《常武》之诗论之。《江汉》为宣王命召虎平淮夷之诗，其诗云：

> 江汉浮浮，武夫滔滔，匪安匪游，淮夷来求。既出我车，既设我旟，匪安匪舒，淮夷来铺。……江汉之浒，王命召虎。……于疆于理，至于南海。

《常武》亦为宣王命将伐徐、淮夷之诗，当是同一战事，其诗云：

> 王命卿士，南仲大祖，大师皇父。整我六师，以修我戎。既敬既戒，惠此南国。王谓尹氏，命程伯休父。左右陈行，戒我师旅。率彼淮浦，省此徐土。……匪绍匪游。徐方绎骚，震惊徐方。如雷如霆，徐方震惊。……铺敦淮濆，仍执丑虏。截彼淮浦，王师之所。……如江如汉……濯征徐国。王犹允塞，徐方既来。徐方既同，天子之功。四方既平，徐方来庭。徐方不回，王曰还归。

此以徐、淮夷并举者：陈奂《毛诗传疏》云："徐即淮夷，徐在淮而尤大，故举其国则曰徐，举其地则曰淮夷。"《江汉》之诗，王命召虎，则总持此役之主帅。《常武》之诗，王命卿士，则分配用兵之将领。合两诗观之，征伐淮夷而必师出江、汉者，盖由宗周出师，必由褒斜沿汉而南，再由汉而东，以至淮浦。春秋之世，吴、楚争战，亦在淮、汉流域。《左传·定四年》载吴入郢之役云：蔡侯、吴子、唐侯伐楚，舍舟于淮汭，自豫章与楚夹汉。左司马戍谓子常曰："子沿汉而与之上下，我悉方城外以毁其舟，还塞大隧，直辕冥、厄，子济汉而伐之，我自后击之，必大败之。"当时吴、楚用兵皆在淮、汉之间。其由江上者，十不一二。盖古代南方民族大致即沿汉、淮流域而居。师出所资，如粮秣之馈运、人力之征发，必因于此。江太宽广，在彼时尤为交通之阻。故《汉广》之诗云："江之永矣，不可方思。"至于其他路途，当战国以前，大致皆不便行军。《战国策·魏策三》云：

> 秦非无事之国也，韩亡之后，必且便（更）事，便事必就易与利，就易与利必不伐楚与赵矣。……伐楚，道涉山谷，行三千里而攻冥、隘之塞，所行者甚远，所攻者甚难，秦必不为也。若道河外，背大梁，右上蔡、召陵以与楚兵决于陈郊，秦又不敢。

又《秦策四》：

> 楚人有黄歇者，游学博闻，襄王以为辩，故使于秦，说昭王曰："……王攻楚之日则恶出兵，王将借路于仇雠之韩、魏乎？兵出之日而王忧其不反也。是王以兵资于

仇雠之韩、魏。王若不借路于仇雠之韩、魏，必攻随阳
右壤，随阳右壤此皆广川、大水、山林、溪谷，不食之
地，王虽有之，不为得地。是王有毁楚之名，无得地之
实也。"

凡此数途，既为秦所不取，即秦以前尚无通道可知。故此周人当
伐纣以前，由酆以经营江、汉，更由江、汉以东，收抚陈、蔡、
淮夷，而并有吴地，实为当时最自然之趋势。

九、结　论

综上所述，吾人对于殷、周间之形势，可得一明晰之结论：
即周人自大王居岐以后，即以经营南土为其一贯之国策。

大王居岐，据战国以来典籍所载，皆谓由于不胜狄人之侵逼。
此狄人，《孟子》以为獯鬻；《诗》以为混夷。王静安先生《鬼方
昆夷猃狁考》所论虽未必即为定论，但以此为鬼方则属可信。

当殷、周之世，鬼方屡世为中国患，亦与中国为婚姻。金文
中媿姓屡见。《左传》《国语》称襄王以狄女为后，谓之叔隗。
《大戴记·帝系》篇称：陆终娶于鬼方氏之妹曰女隤氏。《史记·
殷本纪》载纣娶九侯之女，九他书皆作鬼，鬼侯即鬼方之君。《列
子·说符》载善相马者有九方皋，以九方为氏，犹《帝系》之称
鬼方氏。此媿、隗、隤、九诸姓，当并是鬼方之后。

《左传》《国语》《世本》并以赤狄为隗姓，是赤狄亦为鬼方
之别称。其居地，顾栋高《春秋大事表》以为在今山西及河北之
南部。《左传》载武王克商，分晋侯以怀姓九宗，怀、媿音近，即

鬼方部族在山西之证。春秋以前，此鬼方部族曾西至泾、洛一带。《梁伯戈》称其伐㿪方蛮，春秋时梁灭于秦，其地必去秦不远，河西之梁山及少梁必其故地。又幽王见灭于犬戎，犬或作猷，并与鬼声近；《竹书》有西落鬼戎，是鬼方又有戎称；故此犬戎亦即鬼方。又《左传》称魏、骀、芮、岐、毕为周之西土，《国语》称当成周者西有虞、虢、晋、隗、霍、扬、魏、芮，此隗、魏亦当由鬼方得名。是鬼方西境曾延及今陕西之证。据此而言，则侵幽之狄人，必为鬼方无疑。

《易》称高宗伐鬼方，三年克之，其战争之地，当在今山西境内。鬼方东向既不得逞，休养生息，及武乙之世，乃转而西侵。幽在泾、洛之间，故首当其冲。

以彼时殷、鬼方、周三方面之国力相较，殷最强大，鬼方次之，周最下。及大王居岐以后，周之国势乃骤然兴盛。《诗·閟宫》称大王居岐，为翦商之始。以最下而忽焉翦伐最强。即以大伯、仲雍君吴而论，其国力纵不足与殷人正面相抗，然亦远非居幽时可比。

当王季、文王之世，周之国力更有继长增高之势。《竹书》称王季伐西落鬼戎，俘其二十翟王；《易》称震用伐鬼方，三年有赏于大国；《书大传》称文王受命伐混夷，是其时周之国力，足以抵御鬼方之侵袭而有余。以此为周人国力增进之征，则所谓积德行义之说，真是不值一辩。

文王受命之年，周之国力膨胀已臻极限。《孟子》称文王事混夷为以大事小；《论语》称三分天下有其二以服事殷，骎骎乎已驾殷与鬼方而上之。再继续发展，舍伐纣以外，实无他途。

当殷之末世，鬼方出没西北，黎、崇犹为殷守，周之国力所以得如是增进者，舍经营巴、蜀、江、汉而外，亦无他途。

以地下史料言：宋代安陆出土有武王时中之六器；近代出土西周器，记王亲伐楚者有《狱駭毁》《遇伯毁》《贞毁》；记伐楚者有《矢令毁》；记王徙（?）楚禁者有《季娟鼎》；记伐东夷、南夷者有《小臣遴毁》《戉鼎》《噩侯駿方鼎》《宗周钟》《竞卣》《无異毁》《班毁》《员卣》等，不一而足。则西周自武王之世，其国力实已远及江、汉流域，及东夷、南夷诸地。

以纸上史料言：周之懿亲大伯、仲雍曾立国于吴；《牧誓》载从武王伐纣之师，有庸、蜀、羌、髳、微、卢、彭、濮人，其居地多在今巴、蜀及江、汉流域；《左传》载武王以元女大姬配虞胡公；又屡称汉阳诸姬；而淮、汝流域之蔡、沈、应、蒋诸国，又皆周初所建；此皆周初史迹关于南土之可征者。至相传周公奔楚，昭王南征不复之说，以及殷、周两国牵涉东夷之记载，如综述之，并可与地下史料相互证明。即西周一代及其开国期，确有经营南土之事。

再由《诗·崧高》之所诏示，申阳就国而王饯之于郿，不近饯于丰、镐而远饯之于郿，此可见古代关中与江、汉之通道，仅有此一途。郿近于岐，盖周迁岐而后始得此道。因得此道，而后其国力乃得骤然增进。吾人如明于此，而后庶不为成说所蔽，而后殷、周间之史迹，乃得以近代史识论之。

1936 年 10 月 30 日脱稿于南京之北极山下

（原载《国立中央研究院历史语言研究所集刊》

第七本第二分，1936 年 12 月）